LITUANO

VOCABULÁRIO

PALAVRAS MAIS ÚTEIS

PORTUGUÊS LITUANO

Para alargar o seu léxico e apurar
as suas competências linguísticas

3000 palavras

Vocabulário Português-Lituano - 3000 palavras

Por Andrey Taranov

Os vocabulários da T&P Books destinam-se a ajudar a aprender, a memorizar, e a rever palavras estrangeiras. O dicionário é dividido em temas, cobrindo todas as principais esferas de atividades quotidianas, negócios, ciência, cultura, etc.

O processo de aprendizagem, utilizando os dicionários baseados em temáticas da T&P Books dá-lhe as seguintes vantagens:

- Informação de origem corretamente agrupada predetermina o sucesso em fases subsequentes da memorização de palavras
- Disponibilização de palavras derivadas da mesma raiz, o que permite a memorização de unidades de texto (em vez de palavras separadas)
- Pequenas unidades de palavras facilitam o processo de estabelecimento de vínculos associativos necessários para a consolidação do vocabulário
- O nível de conhecimento da língua pode ser estimado pelo número de palavras aprendidas

T&P Books Publishing
www.tpbooks.com

ISBN: 978-1-78400-957-1

Este livro também está disponível em formato E-book.
Por favor visite www.tpbooks.com ou as principais livrarias on-line.

VOCABULÁRIO LITUANO
palavras mais úteis

Os vocabulários da T&P Books destinam-se a ajudar a aprender, a memorizar, e a rever palavras estrangeiras. O vocabulário contém mais de 3000 palavras de uso comum organizadas tematicamente.

O vocabulário contém as palavras mais comummente usadas
Recomendado como adicional para qualquer curso de línguas
Satisfaz as necessidades dos iniciados e dos alunos avançados de línguas estrangeiras
Conveniente para o uso diário, sessões de revisão e atividades de auto-teste
Permite avaliar o seu vocabulário

Características especias do vocabulário

- As palavras estão organizadas de acordo com o seu significado, e não por ordem alfabética
- As palavras são apresentadas em três colunas para facilitar os processos de revisão e auto-teste
- As palavras compostas são divididas em pequenos blocos para facilitar o processo de aprendizagem
- O vocabulário oferece uma transcrição simples e adequada de cada palavra estrangeira

O vocabulário contém 101 tópicos incluindo:

Conceitos básicos, Números, Cores, Meses, Estações do ano, Unidades de medida, Roupas & Acessórios, Alimentos & Nutrição, Restaurante, Membros da Família, Parentes, Caráter, Sentimentos, Emoções, Doenças, Cidade, Passeios, Compras, Dinheiro, Casa, Lar, Escritório, Trabalho no Escritório, Importação & Exportação, Marketing, Pesquisa de Emprego, Desportos, Educação, Computador, Internet, Ferramentas, Natureza, Países, Nacionalidades e muito mais ...

TABELA DE CONTEÚDOS

GUIA DE PRONUNCIAÇÃO

Letra	Exemplo Lituano	Alfabeto fonético T&P	Exemplo Português
Aa	adata	[a]	chamar
Ąą	ąžuolas	[aː]	rapaz
Bb	badas	[b]	barril
Cc	cukrus	[ts]	tsé-tsé
Čč	česnakas	[tʃ]	Tchau!
Dd	dumblas	[d]	dentista
Ee	eglė	[æ]	semana
Ęę	vedęs	[æː]	primavera
Ėė	ėdalas	[eː]	plateia
Ff	fleita	[f]	safári
Gg	gandras	[g]	gosto
Hh	husaras	[ɣ]	agora
I i	ižas	[i]	sinónimo
Į į	mįslė	[iː]	cair
Yy	vynas	[iː]	cair
J j	juokas	[j]	géiser
Kk	kilpa	[k]	kiwi
L l	laisvė	[l]	libra
Mm	mama	[m]	magnólia
Nn	nauda	[n]	natureza
Oo	ola	[o], [oː]	noite
Pp	pirtis	[p]	presente
Rr	ragana	[r]	riscar
Ss	sostinė	[s]	sanita
Šš	šūvis	[ʃ]	mês
Tt	tėvynė	[t]	tulipa
Uu	upė	[u]	bonita
Ųų	siųsti	[uː]	blusa
Ūū	ūmėdė	[uː]	blusa
Vv	vabalas	[ʋ]	fava
Zz	zuikis	[z]	sésamo
Žž	žiurkė	[ʒ]	talvez

Comentários

Um macron como em (ū), ou um ogonek como em (ą, ę, į, ų) podem ser usados para marcar a extensão de uma vogal em Letão oficial moderno. Os acentos Agudos como em (Áá Áą́), graves como em (Àà), e til como em (Ãã Ãą̃) são usados para indicar acentuações tonais. No entanto, essas acentuações tonais geralmente não se escrevem, exceto em dicionários, gramáticas e quando necessário, para maior clareza na diferenciação de palavras homónimas e no uso em dialetos.

ABREVIATURAS
usadas no vocabulário

Abreviaturas do Português

adj	-	adjetivo
adv	-	advérbio
anim.	-	animado
conj.	-	conjunção
desp.	-	desporto
etc.	-	etecetra
ex.	-	por exemplo
f	-	nome feminino
f pl	-	feminino plural
fem.	-	feminino
inanim.	-	inanimado
m	-	nome masculino
m pl	-	masculino plural
m, f	-	masculino, feminino
masc.	-	masculino
mat.	-	matemática
mil.	-	militar
pl	-	plural
prep.	-	preposição
pron.	-	pronome
sb.	-	sobre
sing.	-	singular
v aux	-	verbo auxiliar
vi	-	verbo intransitivo
vi, vt	-	verbo intransitivo, transitivo
vr	-	verbo reflexivo
vt	-	verbo transitivo

Abreviaturas do Lituano

dgs	-	plural
m	-	nome feminino
m dgs	-	feminino plural
v	-	nome masculino
v dgs	-	masculino plural

CONCEITOS BÁSICOS

1. Pronomes

eu	aš	['aʃ]
tu	tù	['tu]
ele	jìs	[jɪs]
ela	jì	[jɪ]
nós	mẽs	['mʲæs]
vocês	jũs	['ju:s]
eles, elas	jiẽ	['jiɛ]

2. Cumprimentos. Saudações

Olá!	Sveĩkas!	['svʲɛɪkas!]
Bom dia! (formal)	Sveikì!	[svʲɛɪ'kʲɪ!]
Bom dia! (de manhã)	Lãbas rýtas!	['lʲa:bas 'rʲi:tas!]
Boa tarde!	Labà dienà!	[lʲa'ba dʲiɛ'na!]
Boa noite!	Lãbas vãkaras!	['lʲa:bas 'va:karas!]
cumprimentar (vt)	sveĩkintis	['svʲɛɪkʲɪntʲɪs]
Olá!	Lãbas!	['lʲa:bas!]
saudação (f)	linkéjimas (v)	[lʲɪŋ'kʲɛjɪmas]
saudar (vt)	sveĩkinti	['svʲɛɪkʲɪntʲɪ]
Como vai?	Kaĩp sėkasi?	['kʌɪp 'sʲækkas'ɪ?]
O que há de novo?	Kàs naũjo?	['kas 'nɑujɔ?]
Até à vista!	Ikì pasimãtymo!	[ɪkʲɪ pasʲɪmatʲi:mo!]
Até breve!	Ikì greĩto susìtikimo!	[ɪ'kʲɪ 'grʲɛɪtɔ susʲɪtʲɪ'kʲɪmɔ!]
Adeus!	Lìkite sveikì!	['lʲɪkʲɪtʲɛ svʲɛɪ'kʲɪ!]
despedir-se (vr)	atsisveĩkinti	[atsʲɪ'svʲɛɪkʲɪntʲɪ]
Até logo!	Ikì!	[ɪ'kʲɪ!]
Obrigado! -a!	Ãčiũ!	['a:tʂʲu:!]
Muito obrigado! -a!	Labaĩ ãčiũ!	[lʲa'bʌɪ 'a:tʂʲu:!]
De nada	Prãšom.	['pra:ʃom]
Não tem de quê	Nevertà padėkõs.	[nʲɛver'ta padʲe:'ko:s]
De nada	Nérà už kã̀.	[nʲe:'ra 'uʒ ka:]
Desculpa!	Atléisk!	[at'lʲɛɪsk!]
Desculpe!	Atléiskite!	[at'lʲɛɪskʲɪtʲɛ!]
desculpar (vt)	atléisti	[at'lʲɛɪstʲɪ]
desculpar-se (vr)	atsiprašýti	[atsʲɪpra'ʃʲɪ:tʲɪ]
As minhas desculpas	Mãno atsiprãšymas.	['ma:nɔ atsʲɪ'pra:ʃʲɪ:mas]
Desculpe!	Atléiskite!	[at'lʲɛɪskʲɪtʲɛ!]

11

perdoar (vt)	atléisti	[at'lʲɛɪstʲɪ]
Não faz mal	Nièko baisaũs.	['nʲɛkɔ bʌɪ'sɑʊs]
por favor	prãšom	['praːʃom]

Não se esqueça!	Nepamĩŕškite!	[nʲɛpa'mʲɪrʃkʲɪtʲɛ!]
Certamente! Claro!	Žìnoma!	['ʒʲɪnoma!]
Claro que não!	Žìnoma nè!	['ʒʲɪnoma nʲɛ!]
Está bem! De acordo!	Sutinkù!	[sʊtʲɪŋ'kʊ!]
Basta!	Užtèks!	[ʊʒ'tʲɛks!]

3. Questões

Quem?	Kàs?	['kas?]
Que?	Kã̀?	['kaː?]
Onde?	Kur̃?	['kʊr?]
Para onde?	Kur̃?	['kʊr?]
De onde?	Ìš kur̃?	[ɪʃ 'kʊr?]
Quando?	Kadà?	[ka'da?]
Para quê?	Kám?	['kam?]
Porquê?	Kodèl?	[kɔ'dʲeːlʲ?]

Para quê?	Kám?	['kam?]
Como?	Kaȉp?	['kʌɪp?]
Qual?	Kóks?	['koks?]
Qual? (entre dois ou mais)	Kurìs?	[kʊ'rʲɪs?]

A quem?	Kám?	['kam?]
Sobre quem?	Apiẽ kã̀?	[a'pʲɛ 'kaː?]
Do quê?	Apiẽ kã̀?	[a'pʲɛ 'kaː?]
Com quem?	Sù kuõ?	['sʊ 'kʊɑ?]

| Quanto, -os, -as? | Kíek? | ['kʲiɛk?] |
| De quem? | Kienõ? | [kʲiɛ'noː?] |

4. Preposições

com (prep.)	sù ...	['sʊ ...]
sem (prep.)	bè	['bʲɛ]
a, para (exprime lugar)	ĩ̀	[iː]
sobre (ex. falar ~)	apiẽ	[a'pʲɛ]
antes de ...	ikì	[ɪ'kʲɪ]
diante de ...	priẽš	['prʲɛʃ]

sob (debaixo de)	põ	['poː]
sobre (em cima de)	vír̃š	['vʲɪrʃ]
sobre (~ a mesa)	añt	['ant]

| de (vir ~ Lisboa) | ìš | [ɪʃ] |
| de (feito ~ pedra) | ìš | [ɪʃ] |

| dentro de (~ dez minutos) | põ ..., ùž ... | ['poː ...], ['ʊʒ ...] |
| por cima de ... | per̃ | ['pʲɛr] |

5. Palavras funcionais. Advérbios. Parte 1

Onde?	Kur̃?	['kʊr?]
aqui	čià	['tʂʲæ]
lá, ali	teñ	['tʲɛn]

| em algum lugar | kažkur̃ | [kaʒ'kʊr] |
| em lugar nenhum | niẽkur | ['nʲɛkʊr] |

| ao pé de … | priẽ … | ['prʲɛ …] |
| ao pé da janela | priẽ lángo | ['prʲɛ 'lʲangɔ] |

Para onde?	Kur̃?	['kʊr?]
para cá	čià	['tʂʲæ]
para lá	teñ	['tʲɛn]
daqui	ìš čià	[ɪʃ tʂʲæ]
de lá, dali	ìš teñ	[ɪʃ tʲɛn]

| perto | šalià | [ʃa'lʲæ] |
| longe | tolì | [to'lʲɪ] |

perto de …	šalià	[ʃa'lʲæ]
ao lado de	artì	[ar'tʲɪ]
perto, não fica longe	netolì	[nʲɛ'tolʲɪ]

esquerdo	kairỹs	[kʌɪ'rʲiːs]
à esquerda	ìš kairė̃s	[ɪʃ kʌɪ'rʲeːs]
para esquerda	į̃ kaĩrę	[iː 'kʌɪrʲɛː]

direito	dešinỹs	[dʲɛʃɪ'nʲiːs]
à direita	ìš dešinė̃s	[ɪʃ dɛʃɪ'nʲeːs]
para direita	į̃ dẽšinę	[iː 'dʲæʃɪnʲɛː]

à frente	príekyje	['prʲɛkʲiːjɛ]
da frente	príekinis	['prʲɛkʲɪnʲɪs]
em frente (para a frente)	pirmỹn	[pʲɪr'mʲiːn]

atrás de …	galè	[ga'lʲɛ]
por detrás (vir ~)	ìš gãlo	[ɪʃ 'ga:lʲɔ]
para trás	atgãl	[at'galʲ]

| meio (m), metade (f) | vidurỹs (v) | [vʲɪdʊ'rʲiːs] |
| no meio | per̃ vìdurį | ['pʲɛr 'vʲɪːdʊrʲɪː] |

de lado	šóne	['ʃonʲɛ]
em todo lugar	visur̃	[vʲɪ'sʊr]
ao redor (olhar ~)	apliñkui	[ap'lʲɪŋkʊi]

de dentro	ìš vidaũs	[ɪʃ vʲɪ'daʊs]
para algum lugar	kažkur̃	[kaʒ'kʊr]
diretamente	tiẽsiai	['tʲɛsʲɛɪ]
de volta	atgãl	[at'galʲ]

| de algum lugar | ìš kur̃ nórs | [ɪʃ 'kʊr 'nors] |
| de um lugar | ìš kažkur̃ | [ɪʃ kaʒ'kʊr] |

em primeiro lugar	pìrma	['pʲɪrma]
em segundo lugar	antra	['antra]
em terceiro lugar	trẽčia	['trʲætʂʲæ]

de repente	staigà	[stʌɪ'ga]
no início	pradžiõj	[prad'ʒʲoːj]
pela primeira vez	pìrmą kartą	['pʲɪrma: 'karta:]
muito antes de ...	daũg laĩko priẽš ...	['dɑʊg 'lʲʌɪkɔ 'prʲɛʃ ...]
de novo, novamente	iš naũjo	[ɪʃ 'nɑʊjɔ]
para sempre	visám laĩkui	[vʲɪ'sam 'lʲʌɪkʊi]

nunca	niekadà	[nʲiɛkad'a]
de novo	vẽl	['vʲeːlʲ]
agora	dabar̃	[da'bar]
frequentemente	dažnaĩ	[daʒ'nʌɪ]
então	tadà	[ta'da]
urgentemente	skubiaĩ	[skʊ'bʲɛɪ]
usualmente	įprastaĩ	[iːpras'tʌɪ]

a propósito, ...	bejè, ...	[bɛ'jæ, ...]
é possível	įmãnoma	[iː'maːnoma]
provavelmente	tikétina	[tʲɪ'kʲeːtʲɪna]
talvez	gãli bū́ti	['gaːlʲɪ 'buːtʲɪ]
além disso, ...	bè tõ, ...	['bʲɛ toː, ...]
por isso ...	todė̃l ...	[to'dʲeːlʲ ...]
apesar de ...	nepaĩsant ...	[nʲɛ'pʌɪsant ...]
graças a ...	... dė̃kà	[... dʲeː'ka]

que (pron.)	kàs	['kas]
que (conj.)	kàs	['kas]
algo	kažkàs	[kaʒ'kas]
alguma coisa	kažkàs	[kaʒ'kas]
nada	niẽko	['nʲɛkɔ]

quem	kàs	['kas]
alguém (~ teve uma ideia ...)	kažkàs	[kaʒ'kas]
alguém	kažkàs	[kaʒ'kas]

ninguém	niẽkas	['nʲɛkas]
para lugar nenhum	niẽkur	['nʲɛkʊr]
de ninguém	niẽkieno	['nʲɛ'kʲiɛnɔ]
de alguém	kažkienõ	[kaʒkʲiɛ'noː]

tão	taĩp	['tʌɪp]
também (gostaria ~ de ...)	taĩp pàt	['tʌɪp 'pat]
também (~ eu)	ir̃gi	['ɪrgʲɪ]

6. Palavras funcionais. Advérbios. Parte 2

Porquê?	Kodė̃l?	[kɔ'dʲeːlʲ?]
por alguma razão	kažkodė̃l	[kaʒkɔ'dʲeːlʲ]
porque ...	... todė̃l, kàd	[... to'dʲeːlʲ, 'kad]
por qualquer razão	kažkodė̃l	[kaʒkɔ'dʲeːlʲ]
e (tu ~ eu)	ir̃	[ɪr]

| ou (ser ~ não ser) | arbà | [ar'ba] |
| mas (porém) | bèt | ['bʲɛt] |

demasiado, muito	pernelýg	[pʲɛrnʲɛ'lʲiːg]
só, somente	tiktaì	[tʲɪk'tʌɪ]
exatamente	tiksliaì	[tʲɪks'lʲɛɪ]
cerca de (~ 10 kg)	maždaũg	[maʒ'dɑʊg]

aproximadamente	apýtikriai	[a'pʲiːtʲɪkrʲɛɪ]
aproximado	apýtikriai	[a'pʲiːtʲɪkrʲɛɪ]
quase	beveík	[bʲɛ'vʲɛɪk]
resto (m)	vìsa kìta (m)	['vʲɪsa 'kʲɪta]

cada	kiekvíenas	[kʲiɛk'vʲiɛnas]
qualquer	bèt kurìs	['bʲɛt kʊ'rʲɪs]
muito	daũg	['dɑʊg]
muitas pessoas	daũgelis	['dɑʊgʲɛlʲɪs]
todos	visì	[vʲɪ'sʲɪ]

em troca de ...	mainaìs į̃ ...	[mʌɪ'nʌɪs iː ..]
em troca	mainaìs	[mʌɪ'nʌɪs]
à mão	rañkiniu būdù	['raŋkʲɪnʲʊ buː'dʊ]
pouco provável	kažì	[ka'ʒʲɪ]

provavelmente	tikriáusiai	[tʲɪk'rʲæʊsʲɛɪ]
de propósito	týčia	['tʲiːtʂʲæ]
por acidente	netýčia	[nʲɛ'tʲiːtʂʲæ]

muito	labaì	[lʲa'bʌɪ]
por exemplo	pãvyzdžiui	['pa:vʲiːzdʒʲʊi]
entre	tar̃p	['tarp]
entre (no meio de)	tar̃p	['tarp]
tanto	tiẽk	['tʲɛk]
especialmente	ýpač	['iːpatʂ]

NÚMEROS. DIVERSOS

7. Números cardinais. Parte 1

zero	nùlis	['nʊlʲɪs]
um	víenas	['vʲiɛnas]
dois	dù	['dʊ]
três	trìs	['trʲɪs]
quatro	keturì	[kʲɛtʊ'rʲɪ]

cinco	penkì	[pʲɛŋ'kʲɪ]
seis	šešì	[ʃɛ'ʃɪ]
sete	septynì	[sʲɛptʲiː'nʲɪ]
oito	aštuonì	[aʃtʊɑ'nʲɪ]
nove	devynì	[dʲɛvʲiː'nʲɪ]

dez	dẽšimt	['dʲæʃɪmt]
onze	vienúolika	[vʲiɛ'nʊɑlʲɪka]
doze	dvýlika	['dvʲiːlʲɪka]
treze	trýlika	['trʲiːlʲɪka]
catorze	keturiólika	[kʲɛtʊ'rʲolʲɪka]

quinze	penkiólika	[pʲɛŋ'kʲolʲɪka]
dezasseis	šešiólika	[ʃɛ'ʃolʲɪka]
dezassete	septyniólika	[sʲɛptʲiː'nʲolʲɪka]
dezoito	aštuoniólika	[aʃtʊɑ'nʲolʲɪka]
dezanove	devyniólika	[dʲɛvʲiː'nʲolʲɪka]

vinte	dvìdešimt	['dvʲɪdʲɛʃɪmt]
vinte e um	dvìdešimt víenas	['dvʲɪdʲɛʃɪmt 'vʲiɛnas]
vinte e dois	dvìdešimt dù	['dvʲɪdʲɛʃɪmt 'dʊ]
vinte e três	dvìdešimt trìs	['dvʲɪdʲɛʃɪmt 'trʲɪs]

trinta	trìsdešimt	['trʲɪsdʲɛʃɪmt]
trinta e um	trìsdešimt víenas	['trʲɪsdʲɛʃɪmt 'vʲiɛnas]
trinta e dois	trìsdešimt dù	['trʲɪsdʲɛʃɪmt 'dʊ]
trinta e três	trìsdešimt trìs	['trʲɪsdʲɛʃɪmt 'trʲɪs]

quarenta	kẽturiasdešimt	['kʲætʊrʲæsdʲɛʃɪmt]
quarenta e um	kẽturiasdešimt víenas	['kʲætʊrʲæsdʲɛʃɪmt 'vʲiɛnas]
quarenta e dois	kẽturiasdešimt dù	['kʲætʊrʲæsdʲɛʃɪmt 'dʊ]
quarenta e três	kẽturiasdešimt trìs	['kʲætʊrʲæsdʲɛʃɪmt 'trʲɪs]

cinquenta	peñkiasdešimt	['pʲɛŋkʲæsdʲɛʃɪmt]
cinquenta e um	peñkiasdešimt víenas	['pʲɛŋkʲæsdʲɛʃɪmt 'vʲiɛnas]
cinquenta e dois	peñkiasdešimt dù	['pʲɛŋkʲæsdʲɛʃɪmt 'dʊ]
cinquenta e três	peñkiasdešimt trìs	['pʲɛŋkʲæsdʲɛʃɪmt 'trʲɪs]

sessenta	šẽšiasdešimt	['ʃæʃæsdʲɛʃɪmt]
sessenta e um	šẽšiasdešimt víenas	['ʃæʃæsdʲɛʃɪmt 'vʲiɛnas]

| sessenta e dois | šẽšiasdešimt dù | [ˈʃæʃæsdʲɛʃɪmt ˈdʊ] |
| sessenta e três | šẽšiasdešimt trìs | [ˈʃæʃæsdʲɛʃɪmt ˈtrʲɪs] |

setenta	septýniasdešimt	[sʲɛpˈtʲiːnʲæsdʲɛʃɪmt]
setenta e um	septýniasdešimt víenas	[sʲɛpˈtʲiːnʲæsdʲɛʃɪmt ˈvʲiɛnas]
setenta e dois	septýniasdešimt dù	[sʲɛpˈtʲiːnʲæsdʲɛʃɪmt ˈdʊ]
setenta e três	septýniasdešimt trìs	[sʲɛptʲiːnʲæsdʲɛʃɪmt ˈtrʲɪs]

oitenta	aštúoniasdešimt	[aʃˈtʊɑnʲæsdʲɛʃɪmt]
oitenta e um	aštúoniasdešimt víenas	[aʃˈtʊɑnʲæsdʲɛʃɪmt ˈvʲiɛnas]
oitenta e dois	aštúoniasdešimt dù	[aʃˈtʊɑnʲæsdʲɛʃɪmt ˈdʊ]
oitenta e três	aštúoniasdešimt trìs	[aʃˈtʊɑnʲæsdʲɛʃɪmt ˈtrʲɪs]

noventa	devýniasdešimt	[dʲɛˈvʲiːnʲæsdʲɛʃɪmt]
noventa e um	devýniasdešimt víenas	[dʲɛˈvʲiːnʲæsdʲɛʃɪmt ˈvʲiɛnas]
noventa e dois	devýniasdešimt dù	[dʲɛˈvʲiːnʲæsdʲɛʃɪmt ˈdʊ]
noventa e três	devýniasdešimt trìs	[dʲɛˈvʲiːnʲæsdʲɛʃɪmt ˈtrʲɪs]

8. Números cardinais. Parte 2

cem	šim̃tas	[ˈʃɪmtas]
duzentos	dù šimtaĩ	[ˈdʊ ʃɪmˈtʌɪ]
trezentos	trìs šimtaĩ	[ˈtrʲɪs ʃɪmˈtʌɪ]
quatrocentos	keturì šimtaĩ	[kʲɛtʊˈrʲɪ ʃɪmˈtʌɪ]
quinhentos	penkì šimtaĩ	[pʲɛŋˈkʲɪ ʃɪmˈtʌɪ]

seiscentos	šešì šimtaĩ	[ʃɛˈʃɪ ʃɪmˈtʌɪ]
setecentos	septynì šimtaĩ	[sʲɛptʲiːnʲɪ ʃɪmˈtʌɪ]
oitocentos	aštuonì šimtaĩ	[aʃtʊɑˈnʲɪ ʃɪmˈtʌɪ]
novecentos	devynì šimtaĩ	[dʲɛvʲiːˈnʲɪ ʃɪmˈtʌɪ]

mil	tū̃kstantis	[ˈtuːkstantʲɪs]
dois mil	dù tū̃kstančiai	[ˈdʊ ˈtuːkstantʃʲɛɪ]
De quem são ...?	trỹs tū̃kstančiai	[ˈtrʲiːs ˈtuːkstantʃʲɛɪ]
dez mil	dẽšimt tū̃kstančių	[ˈdʲæʃɪmt ˈtuːkstantʃʲuː]
cem mil	šim̃tas tū̃kstančių	[ˈʃɪmtas ˈtuːkstantʃʲuː]
um milhão	milijõnas (v)	[mʲɪlʲɪˈjoːnas]
mil milhões	milijárdas (v)	[mʲɪlʲɪˈjardas]

9. Números ordinais

primeiro	pìrmas	[ˈpʲɪrmas]
segundo	añtras	[ˈantras]
terceiro	trẽčias	[ˈtrʲætʃʲæs]
quarto	ketvìrtas	[kʲɛtˈvʲɪrtas]
quinto	peñktas	[ˈpʲɛŋktas]

sexto	šẽštas	[ˈʃæʃtas]
sétimo	septiñtas	[sʲɛpˈtʲɪntas]
oitavo	aštuñtas	[aʃˈtʊntas]
nono	deviñtas	[dʲɛˈvʲɪntas]
décimo	dešim̃tas	[dʲɛˈʃɪmtas]

CORES. UNIDADES DE MEDIDA

10. Cores

cor (f)	spalvà (m)	[spalʲˈva]
matiz (m)	ãtspalvis (v)	[ˈaːtspalʲvʲɪs]
tom (m)	tònas (v)	[ˈtonas]
arco-íris (m)	vaivórykštė (m)	[vʌɪˈvorʲiːkʃtʲeː]
branco	baltà	[balʲˈta]
preto	juodà	[jʋɑˈda]
cinzento	pilkà	[pʲɪlʲˈka]
verde	žalià	[ʒaˈlʲæ]
amarelo	geltóna	[gʲɛlʲˈtona]
vermelho	raudóna	[rɑʋˈdona]
azul	mélyna	[ˈmʲeːlʲiːna]
azul claro	žydrà	[ʒʲiːdˈra]
rosa	rõžinė	[ˈroːʒʲɪnʲeː]
laranja	oránžinė	[oˈranʒʲɪnʲeː]
violeta	violètinė	[vʲɪjoˈlʲɛtʲɪnʲeː]
castanho	rudà	[rʋˈda]
dourado	auksìnis	[ɑʋkˈsʲɪnʲɪs]
prateado	sidabrìnis	[sʲɪdaˈbrʲɪnʲɪs]
bege	smėlio spalvõs	[ˈsmʲeːlʲɔ spalʲˈvoːs]
creme	krèminės spalvõs	[ˈkrʲɛmʲɪnʲeːs spalʲˈvoːs]
turquesa	tùrkio spalvõs	[ˈtʋrkʲɔ spalʲˈvoːs]
vermelho cereja	vỹšnių spalvõs	[vʲiːʃnʲu: spalʲˈvoːs]
lilás	alỹvų spalvõs	[aˈlʲiːvu: spalʲˈvoːs]
carmesim	aviètinės spalvõs	[aˈvʲɛtʲɪnʲeːs spalʲˈvoːs]
claro	šviesì	[ʃvʲiɛˈsʲɪ]
escuro	tamsì	[tamˈsʲɪ]
vivo	ryškì	[rʲiːʃkʲɪ]
de cor	spalvótas	[spalʲˈvotas]
a cores	spalvótas	[spalʲˈvotas]
preto e branco	juodaĩ báltas	[jʋɑˈdʌɪ ˈbalʲtas]
unicolor	vienspálvis	[vʲiɛnsˈpalʲvʲɪs]
multicor	įvairiaspálvis	[iːvʌɪrʲæsˈpalʲvʲɪs]

11. Unidades de medida

peso (m)	svõris (v)	[ˈsvoːrʲɪs]
comprimento (m)	ìlgis (v)	[ilʲgʲɪs]

largura (f)	plõtis (v)	['plʲoːtʲɪs]
altura (f)	aũkštis (v)	['aʊkʃtʲɪs]
profundidade (f)	gỹlis (v)	['gʲiːlʲɪs]
volume (m)	tũris (v)	['tuːrʲɪs]
área (f)	plõtas (v)	['plʲotas]

grama (m)	grãmas (v)	['graːmas]
miligrama (m)	miligrãmas (v)	[mʲɪlʲɪ'graːmas]
quilograma (m)	kilogrãmas (v)	[kʲɪlʲo'graːmas]
tonelada (f)	tonà (m)	[to'na]
libra (453,6 gramas)	svãras (v)	['svaːras]
onça (f)	ùncija (m)	['ʊntsʲɪjɛ]

metro (m)	mètras (v)	['mʲɛtras]
milímetro (m)	milimètras (v)	[mʲɪlʲɪ'mʲɛtras]
centímetro (m)	centimètras (v)	[tsʲɛntʲɪ'mʲɛtras]
quilómetro (m)	kilomètras (v)	[kʲɪlʲo'mʲɛtras]
milha (f)	mylià (m)	[mʲiːlʲæ]

polegada (f)	cólis (v)	['tsolʲɪs]
pé (304,74 mm)	pėdà (m)	[pʲeː'da]
jarda (914,383 mm)	járdas (v)	[jardas]

metro (m) quadrado	kvadrãtinis mètras (v)	[kvad'raːtʲɪnʲɪs 'mʲɛtras]
hectare (m)	hektãras (v)	[χʲɛk'taːras]

litro (m)	lìtras (v)	['lʲɪtras]
grau (m)	láipsnis (v)	['lʲʌɪpsnʲɪs]
volt (m)	vòltas (v)	['volʲtas]
ampere (m)	ampèras (v)	[am'pʲɛras]
cavalo-vapor (m)	árklio galià (m)	['arklʲɔ ga'lʲæ]

quantidade (f)	kiẽkis (v)	['kʲɛkʲɪs]
um pouco de …	nedaũg …	[nʲɛ'daʊg …]
metade (f)	pùsė (m)	['pʊsʲeː]
dúzia (f)	tùzinas (v)	['tʊzʲɪnas]
peça (f)	víenetas (v)	['vʲiɛnʲɛtas]

dimensão (f)	dỹdis (v), išmatãvimai (v dgs)	['dʲiːdʲɪs], [ɪʃma'taːvʲɪmʌɪ]
escala (f)	mastẽlis (v)	[mas'tʲælʲɪs]

mínimo	minimalùs	[mʲɪnʲɪma'lʲʊs]
menor, mais pequeno	mažiáusias	[ma'ʒʲæʊsʲæs]
médio	vidutìnis	[vʲɪdu'tʲɪnʲɪs]
máximo	maksimalùs	[maksʲɪma'lʲʊs]
maior, mais grande	didžiáusias	[dʲɪ'dʒʲæʊsʲæs]

12. Recipientes

boião (m) de vidro	stiklaĩnis (v)	[stʲɪk'lʲʌɪnʲɪs]
lata (~ de cerveja)	skardìnė (m)	[skar'dʲɪnʲeː]
balde (m)	kìbiras (v)	['kʲɪbʲɪras]
barril (m)	statìnė (m)	[sta'tʲɪnʲeː]
bacia (~ de plástico)	dubenẽlis (v)	[dʊbe'nʲeːlʲɪs]

tanque (m)	bãkas (v)	['ba:kas]
cantil (m) de bolso	kolba (m)	['kolʲba]
bidão (m) de gasolina	kanìstras (v)	[ka'nʲɪstras]
cisterna (f)	bãkas (v)	['ba:kas]

caneca (f)	puodẽlis (v)	[pʊɑ'dʲælʲɪs]
chávena (f)	puodẽlis (v)	[pʊɑ'dʲælʲɪs]
pires (m)	lėkštėlė (m)	[lʲe:kʃ'tʲælʲe:]
copo (m)	stìklas (v)	['stʲɪklʲas]
taça (f) de vinho	taurė̃ (m)	[tɑʊ'rʲe:]
panela, caçarola (f)	púodas (v)	['pʊɑdas]

garrafa (f)	butelis (v)	['bʊtʲɛlʲɪs]
gargalo (m)	kãklas (v)	['ka:klʲas]

jarro, garrafa (f)	grafìnas (v)	[gra'fʲɪnas]
jarro (m) de barro	ąsõtis (v)	[a:'so:tʲɪs]
recipiente (m)	iñdas (v)	['ɪndas]
pote (m)	púodas (v)	['pʊɑdas]
vaso (m)	vazà (m)	[va'za]

frasco (~ de perfume)	butelis (v)	['bʊtʲɛlʲɪs]
frasquinho (ex. ~ de iodo)	buteliùkas (v)	[bʊtʲɛ'lʲʊkas]
tubo (~ de pasta dentífrica)	tūbà (m)	[tu:'ba]

saca (ex. ~ de açúcar)	maĩšas (v)	['mʌɪʃas]
saco (~ de plástico)	pakètas (v)	[pa'kʲɛtas]
maço (m)	plúoštas (v)	['plʲʊɑʃtas]

caixa (~ de sapatos, etc.)	dėžė̃ (m)	[dʲe:'ʒʲe:]
caixa (~ de madeira)	dėžė̃ (m)	[dʲe:'ʒʲe:]
cesta (f)	krepšỹs (v)	[krʲɛp'ʃɪ:s]

VERBOS PRINCIPAIS

13. Os verbos mais importantes. Parte 1

abrir (vt)	atidarýti	[atˈɪdaˈrʲiːtʲɪ]
acabar, terminar (vt)	užbaĩgti	[ʊʒˈbʌɪktʲɪ]
aconselhar (vt)	patarinéti	[patarʲɪˈnʲeːtʲɪ]
adivinhar (vt)	atspéti	[atˈspʲeːtʲɪ]
advertir (vt)	pérspéti	[ˈpʲɛrspʲeːtʲɪ]

ajudar (vt)	padéti	[paˈdʲeːtʲɪ]
almoçar (vi)	pietáuti	[pʲiɛˈtaʊtʲɪ]
alugar (~ um apartamento)	núomotis	[ˈnʊamotʲɪs]
amar (vt)	myléti	[mʲiːˈlʲeːtʲɪ]
ameaçar (vt)	grasìnti	[graˈsʲɪntʲɪ]

anotar (escrever)	užrašinéti	[ʊʒraʃɪˈnʲeːtʲɪ]
apanhar (vt)	gáudyti	[ˈgaʊdʲiːtʲɪ]
apressar-se (vr)	skubéti	[skʊˈbʲeːtʲɪ]
arrepender-se (vr)	gailétis	[gʌɪˈlʲeːtʲɪs]
assinar (vt)	pasirašinéti	[pasʲɪraʃɪˈnʲeːtʲɪ]

atirar, disparar (vi)	šáudyti	[ˈʃaʊdʲiːtʲɪ]
brincar (vi)	juokáuti	[jʊaˈkaʊtʲɪ]
brincar, jogar (crianças)	žaĩsti	[ˈʒʌɪstʲɪ]
buscar (vt)	ieškóti	[ɪɛʃˈkotʲɪ]
caçar (vi)	medžióti	[mʲɛˈdʒʲotʲɪ]

cair (vi)	krìsti	[ˈkrʲɪstʲɪ]
cavar (vt)	raũsti	[ˈraʊstʲɪ]
cessar (vt)	nustóti	[nʊˈstotʲɪ]
chamar (~ por socorro)	kviẽsti	[ˈkvʲɛstʲɪ]
chegar (vi)	atvažiúoti	[atvaˈʒʲʊatʲɪ]
chorar (vi)	veȓkti	[ˈvʲɛrktʲɪ]

começar (vt)	pradéti	[praˈdʲeːtʲɪ]
comparar (vt)	lýginti	[ˈlʲiːgɪntʲɪ]
compreender (vt)	supràsti	[sʊpˈrastʲɪ]
concordar (vi)	sutìkti	[sʊˈtʲɪktʲɪ]
confiar (vt)	pasitikéti	[pasʲɪtʲɪˈkʲeːtʲɪ]

confundir (equivocar-se)	suklýsti	[sʊkˈlʲiːstʲɪ]
conhecer (vt)	pažinóti	[paʒɪˈnotʲɪ]
contar (fazer contas)	skaičiúoti	[skʌɪˈtʃʲʊatʲɪ]
contar com (esperar)	tikétis …	[tʲɪˈkʲeːtʲɪs …]
continuar (vt)	tęsti	[ˈtʲɛːstʲɪ]

controlar (vt)	kontroliúoti	[kɔntroˈlʲʊatʲɪ]
convidar (vt)	kviẽsti	[ˈkvʲɛstʲɪ]
correr (vi)	bégti	[ˈbʲeːktʲɪ]

| criar (vt) | sukùrti | [sʊˈkʊrtʲɪ] |
| custar (vt) | kainúoti | [kʌɪˈnʊatʲɪ] |

14. Os verbos mais importantes. Parte 2

dar (vt)	dúoti	[ˈdʊatʲɪ]
dar uma dica	užsimiñti	[ʊʒsʲɪˈmʲɪntʲɪ]
decorar (enfeitar)	puõšti	[ˈpʊaʃtʲɪ]
defender (vt)	giñti	[ˈgʲɪntʲɪ]
deixar cair (vt)	numèsti	[nʊˈmʲɛstʲɪ]

descer (para baixo)	léistis	[ˈlʲɛɪstʲɪs]
desculpar (vt)	atléisti	[atˈlʲɛɪstʲɪ]
desculpar-se (vr)	atsiprašinéti	[atsʲɪpraʃɪˈnʲeːtʲɪ]
dirigir (~ uma empresa)	vadováuti	[vadoˈvaʊtʲɪ]
discutir (notícias, etc.)	aptarinéti	[aptarʲɪˈnʲætʲɪ]
dizer (vt)	pasakýti	[pasaˈkʲiːtʲɪ]

duvidar (vt)	abejóti	[abʲɛˈjotʲɪ]
enganar (vt)	apgaudinéti	[apgaʊdʲɪˈnʲeːtʲɪ]
entrar (na sala, etc.)	įeĩti	[iːˈɛɪtʲɪ]
enviar (uma carta)	išsių̃sti	[ɪʃsʲuːstʲɪ]

errar (equivocar-se)	klýsti	[ˈklʲiːstʲɪ]
escolher (vt)	išsiriñkti	[ɪʃsʲɪrʲɪŋktʲɪ]
esconder (vt)	slė̃pti	[ˈslʲeːptʲɪ]
escrever (vt)	rašýti	[raˈʃɪːtʲɪ]
esperar (o autocarro, etc.)	láukti	[ˈlʲaʊktʲɪ]
esperar (ter esperança)	tikétis	[tʲɪˈkʲeːtʲɪs]
esquecer (vt)	užmĩršti	[ʊʒˈmʲɪrʃtʲɪ]
estudar (vt)	studijúoti	[stʊdʲɪˈjʊatʲɪ]
exigir (vt)	reikaláuti	[rʲɛɪkaˈlʲaʊtʲɪ]
existir (vi)	egzistúoti	[ɛgzʲɪsˈtʊatʲɪ]

explicar (vt)	paáiškinti	[paˈʌɪʃkʲɪntʲɪ]
falar (vi)	sakýti	[saˈkʲiːtʲɪ]
faltar (clases, etc.)	praleidinéti	[pralʲɛɪdʲɪˈnʲeːtʲɪ]
fazer (vt)	darýti	[daˈrʲiːtʲɪ]

| ficar em silêncio | tyléti | [tʲiːˈlʲeːtʲɪ] |
| gabar-se, jactar-se (vr) | gìrtis | [ˈgʲɪrtʲɪs] |

gostar (apreciar)	patìkti	[paˈtʲɪktʲɪ]
gritar (vi)	šaũkti	[ˈʃaʊktʲɪ]
guardar (cartas, etc.)	sáugoti	[ˈsaʊgotʲɪ]

| informar (vt) | informúoti | [ɪnforˈmʊatʲɪ] |
| insistir (vi) | reikaláuti | [rʲɛɪkaˈlʲaʊtʲɪ] |

insultar (vt)	įžeidinéti	[iːʒʲɛɪdʲɪˈnʲeːtʲɪ]
interessar-se (vr)	domė́tis	[doˈmʲeːtʲɪs]
ir (a pé)	eĩti	[ˈɛɪtʲɪ]
ir nadar	máudytis	[ˈmaʊdʲiːtʲɪs]
jantar (vi)	vakarieniáuti	[vakarʲɪɛˈnʲæʊtʲɪ]

15. Os verbos mais importantes. Parte 3

ler (vt)	skaitýti	[skʌɪ'tʲi:tʲɪ]
libertar (cidade, etc.)	išláisvinti	[ɪʃlʲʌɪsvʲɪntʲɪ]
matar (vt)	žudýti	[ʒʊ'dʲi:tʲɪ]
mencionar (vt)	minéti	[mʲɪ'nʲe:tʲɪ]
mostrar (vt)	ródyti	['rodʲi:tʲɪ]
mudar (modificar)	pakeĩsti	[pa'kʲɛɪstʲɪ]
nadar (vi)	plaũkti	['plʲaʊktʲɪ]
negar-se a ...	atsisakýti	[atsʲɪsa'kʲi:tʲɪ]
objetar (vt)	prieštaráuti	[prʲɪɛʃta'raʊtʲɪ]
observar (vt)	stebéti	[ste'bʲe:tʲɪ]
ordenar (mil.)	nurodinéti	[nʊrodʲɪ'nʲe:tʲɪ]
ouvir (vt)	girdéti	[gʲɪr'dʲe:tʲɪ]
pagar (vt)	mokéti	[mo'kʲe:tʲɪ]
parar (vi)	sustóti	[sʊs'totʲɪ]
participar (vi)	dalyváuti	[dalʲi:'vaʊtʲɪ]
pedir (comida)	užsakinéti	[ʊʒsakʲɪ'nʲe:tʲɪ]
pedir (um favor, etc.)	prašýti	[pra'ʃɪ:tʲɪ]
pegar (tomar)	im̃ti	['ɪmtʲɪ]
pensar (vt)	galvóti	[galʲ'votʲɪ]
perceber (ver)	pastebéti	[paste'bʲe:tʲɪ]
perdoar (vt)	atléisti	[at'lʲɛɪstʲɪ]
perguntar (vt)	kláusti	['klʲaʊstʲɪ]
permitir (vt)	léisti	['lʲɛɪstʲɪ]
pertencer a ...	priklausýti	[prʲɪklʲaʊ'sʲi:tʲɪ]
planear (vt)	planúoti	[plʲa'nʊatʲɪ]
poder (vi)	galéti	[ga'lʲe:tʲɪ]
possuir (vt)	mokéti	[mo'kʲe:tʲɪ]
preferir (vt)	teĩkti pirmenýbę	['tʲɛɪktʲɪ pʲɪrmʲɛ'nʲi:bʲɛ:]
preparar (vt)	gamìnti	[ga'mʲɪntʲɪ]
prever (vt)	numatýti	[nʊma'tʲi:tʲɪ]
prometer (vt)	žadéti	[ʒa'dʲe:tʲɪ]
pronunciar (vt)	ištar̃ti	[ɪʃ'tartʲɪ]
propor (vt)	siū́lyti	['sʲu:lʲi:tʲɪ]
punir (castigar)	baũsti	['baʊstʲɪ]

16. Os verbos mais importantes. Parte 4

quebrar (vt)	láužyti	['lʲaʊʒʲi:tʲɪ]
queixar-se (vr)	skų́stis	['sku:stʲɪs]
querer (desejar)	noréti	[no'rʲe:tʲɪ]
recomendar (vt)	rekomendúoti	[rʲɛkomʲɛn'dʊatʲɪ]
repetir (dizer outra vez)	kartóti	[kar'totʲɪ]
repreender (vt)	bárti	['bartʲɪ]
reservar (~ um quarto)	rezervúoti	[rʲɛzʲɛr'vʊatʲɪ]

responder (vt)	atsakýti	[atsa'kʲiːtʲɪ]
rezar, orar (vi)	melstis	['mʲɛlˠstʲɪs]
rir (vi)	juõktis	['juɑktʲɪs]

roubar (vt)	võgti	['voːktʲɪ]
saber (vt)	žinóti	[ʒʲɪ'notʲɪ]
sair (~ de casa)	išeĩti	[ɪ'ʃɛɪtʲɪ]
salvar (vt)	gélbéti	['gʲælʲbʲeːtʲɪ]
seguir ...	sèkti ...	['sʲɛktʲɪ ...]

sentar-se (vr)	séstis	['sʲeːstʲɪs]
ser necessário	bū́ti reikalìngu	['buːtʲɪ rʲɛɪka'lʲɪngʊ]
ser, estar	bū́ti	['buːtʲɪ]
significar (vt)	réikšti	['rʲɛɪkʃtʲɪ]

sorrir (vi)	šypsótis	[ʃiːp'sotʲɪs]
subestimar (vt)	neįvértinti	[nʲɛɪ'vʲɛrtʲɪntʲɪ]
surpreender-se (vr)	stebétis	[ste'bʲeːtʲɪs]
tentar (vt)	bandýti	[ban'dʲiːtʲɪ]

ter (vt)	turéti	[tʊ'rʲeːtʲɪ]
ter fome	noréti válgyti	[no'rʲeːtʲɪ 'valˠgʲiːtʲɪ]
ter medo	bijóti	[bʲɪ'jotʲɪ]
ter sede	noréti gérti	[no'rʲeːtʲɪ 'gʲærtʲɪ]

tocar (com as mãos)	čiupinéti	[tʂʲʊpʲɪ'nʲeːtʲɪ]
tomar o pequeno-almoço	pùsryčiauti	['pʊsrʲiː:tʂʲɛʊtʲɪ]
trabalhar (vi)	dìrbti	['dʲɪrptʲɪ]
traduzir (vt)	veřsti	['vʲɛrstʲɪ]
unir (vt)	apjùngti	[a'pjʊŋktʲɪ]

vender (vt)	pardavinéti	[pardavʲɪ'nʲeːtʲɪ]
ver (vt)	matýti	[ma'tʲiːtʲɪ]
virar (ex. ~ à direita)	sùkti	['sʊktʲɪ]
voar (vi)	skrìsti	['skrʲɪstʲɪ]

TEMPO. CALENDÁRIO

17. Dias da semana

segunda-feira (f)	pirmãdienis (v)	[pʲɪr'ma:dʲiɛnʲɪs]
terça-feira (f)	antrãdienis (v)	[an'tra:dʲiɛnʲɪs]
quarta-feira (f)	trečiãdienis (v)	[trʲɛ'tʂʲædʲiɛnʲɪs]
quinta-feira (f)	ketvirtãdienis (v)	[kʲɛtvʲɪr'ta:dʲiɛnʲɪs]
sexta-feira (f)	penktãdienis (v)	[pʲɛŋk'ta:dʲiɛnʲɪs]
sábado (m)	šeštãdienis (v)	[ʃɛʃ'ta:dʲiɛnʲɪs]
domingo (m)	sekmãdienis (v)	[sʲɛk'ma:dʲiɛnʲɪs]
hoje	šiañdien	[ˈʃændʲiɛn]
amanhã	rytój	[rʲi:'toj]
depois de amanhã	porýt	[po'rʲi:t]
ontem	vãkar	[ˈva:kar]
anteontem	užvakar	[ˈʊʒvakar]
dia (m)	dienà (m)	[dʲiɛ'na]
dia (m) de trabalho	dárbo dienà (m)	[ˈdarbɔ dʲiɛ'na]
feriado (m)	šveñtinė dienà (m)	[ˈʃvɛntʲɪnʲe: dʲiɛ'na]
dia (m) de folga	išeiginė dienà (m)	[ɪʃɛɪ'gʲɪnʲe: dʲiɛ'na]
fim (m) de semana	savãitgalis (v)	[sa'vʌɪtgalʲɪs]
o dia todo	vìsą diẽną	[ˈvʲɪsa: 'dʲɛna:]
no dia seguinte	sẽkančią diẽną	[ˈsʲẽkantʂʲæ: 'dʲɛna:]
há dois dias	priẽš dvì dienàs	[ˈprʲɛʃ 'dvʲɪ dʲiɛ'nas]
na véspera	išvakarėse	[ˈɪʃvakarʲe:se]
diário	kasdiẽnis	[kas'dʲɛnʲɪs]
todos os dias	kasdiẽn	[kas'dʲɛn]
semana (f)	savãitė (m)	[sa'vʌɪtʲe:]
na semana passada	prãeitą savãitę	[ˈpraʲɛɪta: sa'vʌɪtʲɛ:]
na próxima semana	atẽinančią savãitę	[a'tʲɛɪnantʂʲæ: sa'vʌɪtʲɛ:]
semanal	kassavãitinis	[kassa'vʌɪtʲɪnʲɪs]
cada semana	kàs savãitę	[ˈkas sa'vʌɪtʲɛ:]
duas vezes por semana	dù kartùs per savãitę	[ˈdʊ kar'tʊs pʲɛr sa'vʌɪtʲɛ:]
cada terça-feira	kiekvíeną antrãdienį	[kʲiɛk'vʲɪ:ɛna: an'tra:dʲɪ:ɛnʲɪ:]

18. Horas. Dia e noite

manhã (f)	rýtas (v)	[ˈrʲi:tas]
de manhã	rytè	[rʲi:'tʲɛ]
meio-dia (m)	vidùrdienis (v)	[vʲɪ'dʊrdʲiɛnʲɪs]
à tarde	popiẽt	[po'pʲɛt]
noite (f)	vãkaras (v)	[ˈva:karas]
à noite (noitinha)	vakarė	[vaka'rʲɛ]

noite (f)	naktìs (m)	[nak'tʲɪs]
à noite	nãktį	['na:kti:]
meia-noite (f)	vidùrnaktis (v)	[vʲɪ'dʊrnaktʲɪs]

segundo (m)	sekùndė (m)	[sʲɛ'kʊndʲe:]
minuto (m)	minùtė (m)	[mʲɪ'nʊtʲe:]
hora (f)	valandà (m)	[valʲan'da]
meia hora (f)	pùsvalandis (v)	['pʊsvalʲandʲɪs]
quarto (m) de hora	ketvírtis valandõs	[kʲɛt'vʲɪrtʲɪs valʲan'do:s]
quinze minutos	penkiólika minùčių	[pʲɛŋ'kʲolʲɪka mʲɪ'nʊtʂʲu:]
vinte e quatro horas	parà (m)	[pa'ra]

nascer (m) do sol	sáulės patekéjimas (v)	['sɑulʲe:s patʲɛ'kʲɛjɪmas]
amanhecer (m)	aušrà (m)	[ɑʊʃ'ra]
madrugada (f)	ankstyvas rýtas (v)	[aŋk'stʲi:vas 'rʲi:tas]
pôr do sol (m)	saulélydis (v)	[sɑʊ'lʲe:lʲi:dʲɪs]

de madrugada	ankstì rytè	[aŋk'stʲɪ rʲi:'tʲɛ]
hoje de manhã	šiandien rytè	['ʃændʲiɛn rʲi:'tʲɛ]
amanhã de manhã	rytój rytè	[rʲi:'toj rʲi:'tʲɛ]

hoje à tarde	šiandien diẽną	['ʃæn'dʲɛn 'dʲiɛna:]
à tarde	popiẽt	[po'pʲɛt]
amanhã à tarde	rytój popiẽt	[rʲi:'toj po'pʲɛt]

| hoje à noite | šiandien vakarè | ['ʃændʲiɛn vaka'rʲɛ] |
| amanhã à noite | rytój vakarè | [rʲi:'toj vaka'rʲɛ] |

às três horas em ponto	lýgiai trẽčią vãlandą	['lʲi:gʲɛɪ 'trʲætʂʲæ: 'va:landa:]
por volta das quatro	apiẽ ketvírtą vãlandą	[a'pʲɛ kʲɛtvʲɪrta: va:lʲanda:]
às doze	dvýliktai vãlandai	['dvʲi:lʲɪktʌɪ 'va:landʌɪ]

dentro de vinte minutos	ùž dvidešimtiẽs minùčių	['ʊʒ dvʲɪdʲɛʃɪm'tʲɛs mʲɪ'nʊtʂʲu:]
dentro duma hora	ùž valandõs	['ʊʒ valʲan'do:s]
a tempo	laikù	[lʲʌɪ'kʊ]

menos um quarto	bè ketvírčio	['bʲɛ 'kʲɛtvʲɪrtʂʲo]
durante uma hora	valandõs bėgyje	[valʲan'do:s 'bʲe:gʲi:je]
a cada quinze minutos	kàs penkiólika minùčių	['kas pʲɛŋ'kʲolʲɪka mʲɪ'nʊtʂʲu:]
as vinte e quatro horas	vìsą pãrą (m)	['vʲɪsa: 'pa:ra:]

19. Meses. Estações

janeiro (m)	saũsis (v)	['sɑʊsʲɪs]
fevereiro (m)	vasãris (v)	[va'sa:rʲɪs]
março (m)	kovàs (v)	[kɔ'vas]
abril (m)	balañdis (v)	[ba'lʲandʲɪs]
maio (m)	gegužė̃ (m)	[gʲɛgʊ'ʒʲe:]
junho (m)	biržẽlis (v)	[bʲɪr'ʒʲælʲɪs]

julho (m)	líepa (m)	['lʲiɛpa]
agosto (m)	rugpjū̃tis (v)	[rʊg'pju:tʲɪs]
setembro (m)	rugsėjis (v)	[rʊg'sʲɛjɪs]
outubro (m)	spãlis (v)	['spa:lʲɪs]

novembro (m)	lãpkritis (v)	[ˈlʲaːpkrʲɪtʲɪs]
dezembro (m)	grúodis (v)	[ˈgrʊadʲɪs]
primavera (f)	pavãsaris (v)	[paˈvaːsarʲɪs]
na primavera	pavãsarį	[paˈvaːsarʲɪː]
primaveril	pavasarìnis	[pavasaˈrʲɪnʲɪs]
verão (m)	vãsara (m)	[ˈvaːsara]
no verão	vãsarą	[ˈvaːsaraː]
de verão	vasarìnis	[vasaˈrʲɪnʲɪs]
outono (m)	ruduõ (v)	[rʊˈdʊa]
no outono	rùdenį	[ˈrʊdʲɛnʲɪː]
outonal	rudenìnis	[rʊdʲɛˈnʲɪnʲɪs]
inverno (m)	žiemà (m)	[ʒʲiɛˈma]
no inverno	žiẽmą	[ˈʒʲɛmaː]
de inverno	žiemìnis	[ʒʲiɛˈmʲɪnʲɪs]
mês (m)	ménuo (v)	[ˈmʲeːnʊa]
este mês	šį ménesį	[ʃʲɪ ˈmʲeːnesʲɪː]
no próximo mês	kìtą ménesį	[ˈkʲɪːta ˈmʲeːnesʲɪː]
no mês passado	praeĩtą ménesį	[ˈpraʲɛɪta ˈmʲeːnesʲɪː]
há um mês	priẽš ménesį	[ˈprʲɪːɛʃ ˈmʲeːnesʲɪː]
dentro de um mês	ùž ménesio	[ˈʊʒ ˈmʲeːnesʲɔ]
dentro de dois meses	ùž dvejų̃ ménesių	[ˈʊʒ dveˈju ˈmʲeːnesʲuː]
todo o mês	vìsą ménesį	[ˈvʲɪsa ˈmʲeːnesʲɪː]
um mês inteiro	vìsą ménesį	[ˈvʲɪsa ˈmʲeːnesʲɪː]
mensal	kasménesìnis	[kasmʲeːneˈsʲɪnʲɪs]
mensalmente	kàs ménesį	[ˈkas ˈmʲeːnesʲɪː]
cada mês	kiekvíeną ménesį	[kʲiɛkˈvʲɪːɛna ˈmʲeːnesʲɪː]
duas vezes por mês	dù kartùs per̃ ménesį	[ˈdʊ karˈtʊs per ˈmʲeːnesʲɪː]
ano (m)	mẽtai (v dgs)	[ˈmʲætʌɪ]
este ano	šiaĩs mẽtais	[ˈʃʲɛɪs ˈmʲætʌɪs]
no próximo ano	kitaĩs mẽtais	[kʲɪˈtʌɪs ˈmʲætʌɪs]
no ano passado	praeitaĩs mẽtais	[praʲɛɪˈtʌɪs ˈmʲætʌɪs]
há um ano	priẽš metùs	[ˈprʲɛʃ mʲɛˈtʊs]
dentro dum ano	ùž mẽtų	[ˈʊʒ ˈmʲætuː]
dentro de 2 anos	ùž dvejų̃ mẽtų	[ˈʊʒ dvʲɛˈju ˈmʲætuː]
todo o ano	visùs metùs	[vʲɪˈsʊs mʲɛˈtʊs]
um ano inteiro	visùs metùs	[vʲɪˈsʊs mʲɛˈtʊs]
cada ano	kàs metùs	[ˈkas mʲɛˈtʊs]
anual	kasmetìnis	[kasmʲɛˈtʲɪnʲɪs]
anualmente	kàs metùs	[ˈkas mʲɛˈtʊs]
quatro vezes por ano	kẽturis kartùs per̃ metùs	[ˈkʲætʊrʲɪs karˈtʊs pʲɛr mʲɛˈtʊs]
data (~ de hoje)	dienà (m)	[dʲiɛˈna]
data (ex. ~ de nascimento)	datà (m)	[daˈta]
calendário (m)	kalendõrius (v)	[kalʲɛnˈdoːrʲʊs]
meio ano	pùsė mẽtų	[ˈpʊsʲe ˈmʲætuː]

seis meses	pùsmetis (v)	[ˈpʊsmʲɛtʲɪs]
estação (f)	sezònas (v)	[sʲɛˈzonas]
século (m)	ámžius (v)	[ˈamʒʲʊs]

VIAGENS. HOTEL

20. Viagens

turismo (m)	turizmas (v)	[tʊ'rʲɪzmas]
turista (m)	turistas (v)	[tʊ'rʲɪstas]
viagem (f)	kelionė (m)	[kʲɛ'lʲoːnʲeː]
aventura (f)	nuotykis (v)	['nʊatʲiːkʲɪs]
viagem (f)	išvyka (m)	['ɪʃvʲiːka]
férias (f pl)	atostogos (m dgs)	[a'tostogos]
estar de férias	atostogauti	[atosto'gaʊtʲɪ]
descanso (m)	poilsis (v)	['poɪlʲsʲɪs]
comboio (m)	traukinys (v)	[traʊkʲɪ'nʲiːs]
de comboio (chegar ~)	traukiniu	['traʊkʲɪnʲʊ]
avião (m)	lėktuvas (v)	[lʲeːk'tʊvas]
de avião	lėktuvu	[lʲeːktʊ'vʊ]
de carro	automobiliu	[aʊtomobʲɪ'lʲʊ]
de navio	laivu	[lʲʌɪ'vʊ]
bagagem (f)	bagažas (v)	[ba'gaːʒas]
mala (f)	lagaminas (v)	[lʲaga'mʲɪnas]
carrinho (m)	bagažo vežimėlis (v)	[ba'gaːʒɔ veʒʲɪ'mʲeːlʲɪs]
passaporte (m)	pasas (v)	['paːsas]
visto (m)	viza (v)	[vʲɪ'za]
bilhete (m)	bilietas (v)	['bʲɪlʲiɛtas]
bilhete (m) de avião	lėktuvo bilietas (v)	[lʲeːk'tʊvɔ 'bʲɪlʲiɛtas]
guia (m) de viagem	vadovas (v)	[va'doːvas]
mapa (m)	žemėlapis (v)	[ʒe'mʲeːlʲapʲɪs]
local (m), area (f)	vietovė (m)	[vʲiɛ'tovʲeː]
lugar, sítio (m)	vieta (m)	[vʲiɛ'ta]
exotismo (m)	egzotika (m)	[ɛg'zotʲɪka]
exótico	egzotinis	[ɛg'zotʲɪnʲɪs]
surpreendente	nuostabus	[nʊasta'bʊs]
grupo (m)	grupė (m)	['grʊpʲeː]
excursão (f)	ekskursija (m)	[ɛks'kʊrsʲɪjɛ]
guia (m)	ekskursijos vadovas (v)	[ɛks'kʊrsʲɪjos va'doːvas]

21. Hotel

hotel (m)	viešbutis (v)	['vʲiɛʃbʊtʲɪs]
motel (m)	motelis (v)	[mo'tʲɛlʲɪs]
três estrelas	3 žvaigždutės	['trʲɪs ʒvʌɪgʒ'dʊtʲeːs]

| cinco estrelas | 5 žvaigždùtės | ['penᵏᵎos ʒvʌɪgʒ'dutᵎe:s] |
| ficar (~ num hotel) | apsistóti | [apsᵎɪs'totᵎɪ] |

quarto (m)	kambarỹs (v)	[kamba'rᵎi:s]
quarto (m) individual	vienviẽtis kambarỹs (v)	['vᵎiɛn'vᵎɛtᵎɪs kamba'rᵎi:s]
quarto (m) duplo	dviviẽtis kambarỹs (v)	[dvᵎɪ'vᵎɛtᵎɪs kamba'rᵎi:s]
reservar um quarto	rezervúoti kaṁbarį	[rᵎɛzᵎɛr'vuɑtᵎɪ 'kambarᵎɪ:]

| meia pensão (f) | pusiáu pensiónas (v) | [pusᵎæu pᵎɛnsᵎɪ'jɔnas] |
| pensão (f) completa | pensiónas (v) | [pᵎɛnsᵎɪ'jɔnas] |

com banheira	sù vonià	['su vo'nᵎæ]
com duche	sù dušù	['su du'ʃu]
televisão (m) satélite	palydõvinė televìzija (m)	[palᵎi:'do:vᵎɪnᵎe: tᵎɛlᵎɛ'vᵎɪzᵎɪjɛ]
ar (m) condicionado	kondicioniẽrius (v)	[kɔndᵎɪtsᵎɪjɔ'nᵎɛrᵎus]
toalha (f)	raṅkšluostis (v)	['raŋkʃlᵎuɑstᵎɪs]
chave (f)	rãktas (v)	['ra:ktas]

administrador (m)	administrãtorius (v)	[admᵎɪnᵎɪs'tra:torᵎus]
camareira (f)	kambarìnė (m)	[kamba'rᵎɪnᵎe:]
bagageiro (m)	nešìkas (v)	[nᵎɛ'ʃɪkas]
porteiro (m)	registrãtorius (v)	[rᵎɛgᵎɪs'tra:torᵎus]

restaurante (m)	restorãnas (v)	[rᵎɛsto'ra:nas]
bar (m)	bãras (v)	['ba:ras]
pequeno-almoço (m)	pùsryčiai (v dgs)	['pusrᵎi:tʃᵎɛɪ]
jantar (m)	vakariẽnė (m)	[vaka'rᵎɛnᵎe:]
buffet (m)	švèdiškas stãlas (v)	['ʃvᵎɛdᵎɪʃkas 'sta:lᵎas]

| hall (m) de entrada | vestibiùlis (v) | [vᵎɛstᵎɪ'bᵎulᵎɪs] |
| elevador (m) | lìftas (v) | ['lᵎɪftas] |

| NÃO PERTURBE | NETRUKDÝTI | [nᵎɛtrʊk'dᵎi:tᵎɪ] |
| PROIBIDO FUMAR! | NERŪKÝTI! | [nᵎɛru:'kᵎi:tᵎɪ] |

22. Turismo

monumento (m)	pamiñklas (v)	[pa'mᵎɪŋklᵎas]
fortaleza (f)	tvirtóvė (m)	[tvᵎɪr'tovᵎe:]
palácio (m)	rũmai (v)	['ru:mʌɪ]
castelo (m)	pilìs (m)	[pᵎɪ'lᵎɪs]
torre (f)	bókštas (v)	['bokʃtas]
mausoléu (m)	mauzoliẽjus (v)	[mɑuzo'lᵎɛjus]

arquitetura (f)	architektūrà (m)	[arxᵎɪtᵎɛktu:'ra]
medieval	vidùramžių	[vᵎɪ'dʊramʒᵎu:]
antigo	senóvinis	[sᵎɛ'novᵎɪnᵎɪs]
nacional	nacionãlinis	[natsᵎɪjɔ'na:lᵎɪnᵎɪs]
conhecido	žymùs	[ʒᵎi:'mʊs]

turista (m)	turìstas (v)	[tʊ'rᵎɪstas]
guia (pessoa)	gìdas (v)	['gᵎɪdas]
excursão (f)	ekskùrsija (m)	[ɛks'kʊrsᵎɪjɛ]
mostrar (vt)	ródyti	['rodᵎi:tᵎɪ]

contar (vt)	pasakoti	['pa:sakotʲɪ]
encontrar (vt)	rasti	['rastʲɪ]
perder-se (vr)	pasiklýsti	[pasʲɪ'klʲi:stʲɪ]
mapa (~ do metrô)	schema (m)	[sxʲɛ'ma]
mapa (~ da cidade)	plānas (v)	['plʲa:nas]
lembrança (f), presente (m)	suvenýras (v)	[sʊvʲɛ'nʲi:ras]
loja (f) de presentes	suvenýrų parduotùvė (m)	[sʊve'nʲi:ru: pardʊɑ'tʊvʲe:]
fotografar (vt)	fotografúoti	[fotogra'fʊɑtʲɪ]
fotografar-se	fotografúotis	[fotogra'fʊɑtʲɪs]

TRANSPORTES

23. Aeroporto

aeroporto (m)	óro úostas (v)	['orɔ 'ʋɑstas]
avião (m)	léktùvas (v)	[lʲe:kʹtʋvas]
companhia (f) aérea	aviakompãnija (m)	[avʲækom'pa:nʲɪjɛ]
controlador (m) de tráfego aéreo	dispèčeris (v)	[dʲɪs'pʲɛtʂʲɛrʲɪs]
partida (f)	išskridìmas (v)	[ɪʃskrʲɪ'dʲɪmas]
chegada (f)	atskridìmas (v)	[atskrʲɪ'dʲɪmas]
chegar (~ de avião)	atskrìsti	[ats'krʲɪstʲɪ]
hora (f) de partida	išvykìmo laĩkas (v)	[ɪʃvʲi:'kʲɪmɔ 'lʲʌɪkas]
hora (f) de chegada	atvykìmo laĩkas (v)	[atvʲi:'kʲɪmɔ 'lʲʌɪkas]
estar atrasado	vélúoti	[vʲe:'lʲʋɑtʲɪ]
atraso (m) de voo	skrỹdžio atidėjìmas (v)	['skrʲi:dʒʲɔ atʲɪdʲe:'jɪmas]
painel (m) de informação	informãcinė šviẽslentė (m)	[ɪnfor'ma:tsʲɪnʲe: 'ʃvʲɛslʲɛntʲe:]
informação (f)	informãcija (m)	[ɪnfor'ma:tsʲɪjɛ]
anunciar (vt)	paskélbti	[pas'kʲɛlʲptʲɪ]
voo (m)	reĩsas (v)	['rʲɛɪsas]
alfândega (f)	muĩtinė (m)	['mʋɪtʲɪnʲe:]
funcionário (m) da alfândega	muĩtininkas (v)	['mʋɪtʲɪnʲɪŋkas]
declaração (f) alfandegária	deklarãcija (m)	[dʲɛklʲa'ra:tsʲɪjɛ]
preencher (vt)	užpìldyti	[ʋʒ'pʲɪlʲdʲi:tʲɪ]
preencher a declaração	užpìldyti deklarãciją	[ʋʒ'pʲɪlʲdʲi:tʲɪ dʲɛkla'ra:tsɪja:]
controlo (m) de passaportes	pasų̃ kontrolė (m)	[pa'su: kon'trolʲe:]
bagagem (f)	bagãžas (v)	[ba'ga:ʒas]
bagagem (f) de mão	rañkinis bagãžas (v)	['raŋkʲɪnʲɪs ba'ga:ʒas]
carrinho (m)	vežimẽlis (v)	[vʲɛʒʲɪ'mʲe:lʲɪs]
aterragem (f)	įlaipìnimas (v)	[i:lʲʌɪ'pʲɪ:nʲɪmas]
pista (f) de aterragem	nusileidìmo tãkas (v)	[nʋsʲɪlʲɛɪ'dʲɪmɔ ta:kas]
aterrar (vi)	leĩstis	['lʲɛɪstʲɪs]
escada (f) de avião	laiptẽliai (v dgs)	[lʌɪp'tʲælʲɛɪ]
check-in (m)	registrãcija (m)	[rʲɛgʲɪs'tra:tsʲɪjɛ]
balcão (m) do check-in	registrãcijos stãlas (v)	[rʲɛgʲɪs'tra:tsʲɪjos 'sta:lʲas]
fazer o check-in	užsiregistrúoti	[ʋʒsʲɪrʲɛgʲɪs'trʋɑtʲɪ]
cartão (m) de embarque	įlipìmo talònas (v)	[i:lʲɪ'pʲɪ:mɔ ta'lonas]
porta (f) de embarque	išėjìmas (v)	[ɪʃʲe:'jɪmas]
trânsito (m)	tranzìtas (v)	[tran'zʲɪtas]
esperar (vi, vt)	láukti	['lʲɑʋktʲɪ]

sala (f) de espera	laukiamãsis (v)	[lⁱɑʊkⁱæ'masⁱɪs]
despedir-se de ...	lydėti	[lⁱi:'dⁱe:tⁱɪ]
despedir-se (vr)	atsisveíkinti	[atsⁱɪ'svⁱɛɪkⁱɪntⁱɪ]

24. Avião

avião (m)	lėktùvas (v)	[lⁱe:k'tʊvas]
bilhete (m) de avião	lėktùvo bìlietas (v)	[lⁱe:k'tʊvɔ 'bⁱɪlⁱiɛtas]
companhia (f) aérea	aviakompãnija (m)	[avⁱækom'pa:nⁱɪjɛ]
aeroporto (m)	óro úostas (v)	['orɔ 'ʊastas]
supersónico	viršgarsìnis	[vⁱɪrʃgar'sⁱɪnⁱɪs]

comandante (m) do avião	órlaivio kapitõnas (v)	['orlⁱʌɪvⁱɔ kapⁱɪ'to:nas]
tripulação (f)	ekipãžas (v)	[ɛkⁱɪ'pa:ʒas]
piloto (m)	pilòtas (v)	[pⁱɪ'lⁱotas]
hospedeira (f) de bordo	stiuardėsė (m)	[stⁱuar'dⁱɛsⁱe:]
copiloto (m)	štùrmanas (v)	['ʃtʊrmanas]

asas (f pl)	sparnaĩ (v dgs)	[spar'nʌɪ]
cauda (f)	gãlas (v)	['ga:lⁱas]
cabine (f) de pilotagem	kabinà (m)	[kabⁱɪ'na]
motor (m)	varìklis (v)	[va'rⁱɪklⁱɪs]

trem (m) de aterragem	važiuõklė (m)	[vaʒⁱʊ'o:klⁱe:]
turbina (f)	turbinà (m)	[tʊrbⁱɪ'na]

hélice (f)	propèleris (v)	[pro'pⁱɛlⁱɛrⁱɪs]
caixa-preta (f)	juodà dėžė̃ (m)	[jʊɑ'da dⁱe:ʒⁱe:]

coluna (f) de controlo	vairãratis (v)	[vʌɪ'ra:ratⁱɪs]
combustível (m)	degalaĩ (v dgs)	[dⁱɛga'lⁱʌɪ]

instruções (f pl) de segurança	instrùkcija (m)	[ɪns'trʊktsⁱɪjɛ]
máscara (f) de oxigénio	deguõnies káukė (m)	[dⁱɛgʊɑ'nⁱiɛs 'kɑʊkⁱe:]
uniforme (m)	unifórma (m)	[unⁱɪ'forma]

colete (m) salva-vidas	gélbėjimosi liemẽnė (m)	['gⁱælⁱbⁱe:jimosⁱɪ lⁱiɛ'mⁱænⁱe:]
paraquedas (m)	parašiùtas (v)	[para'ʃʊtas]

descolagem (f)	kilìmas (v)	[kⁱɪ'lⁱɪmas]
descolar (vi)	kìlti	['kⁱɪlⁱtⁱɪ]
pista (f) de descolagem	kilìmo tãkas (v)	[kⁱɪ'lⁱɪmɔ 'ta:kas]

visibilidade (f)	matomùmas (v)	[mato'mʊmas]
voo (m)	skrỹdis (v)	['skrⁱi:dⁱɪs]

altura (f)	aũkštis (v)	['ɑʊkʃtⁱɪs]
poço (m) de ar	óro duobė̃ (m)	['orɔ dʊɑ'bⁱe:]

assento (m)	vietà (m)	[vⁱiɛ'ta]
auscultadores (m pl)	ausìnės (m dgs)	[ɑʊ'sⁱɪnⁱe:s]
mesa (f) rebatível	atverčiamãsis staliùkas (v)	[atvⁱɛrtʃⁱæ'masⁱɪs sta'lⁱʊkas]
vigia (f)	iliuminãtorius (v)	[ɪlⁱʊmⁱɪ'na:torⁱʊs]
passagem (f)	praėjìmas (v)	[prae:'jⁱɪmas]

25. Comboio

Português	Lituano	Pronúncia
comboio (m)	traukinỹs (v)	[trɑuk'ɪ'n'i:s]
comboio (m) suburbano	elektrìnis traukinỹs (v)	[ɛlʲɛk'trʲɪnʲɪs trɑukʲɪ'nʲi:s]
comboio (m) rápido	greitàsis traukinỹs (v)	[grʲɛɪ'tasʲɪs trɑukʲɪ'nʲi:s]
locomotiva (f) diesel	motòrvežis (v)	[mo'torvʲɛʒʲɪs]
locomotiva (f) a vapor	garvežỹs (v)	[garvʲɛ'ʒʲi:s]
carruagem (f)	vagònas (v)	[va'gonas]
carruagem restaurante (f)	vagònas restorãnas (v)	[va'gonas rʲɛsto'ra:nas]
carris (m pl)	bėgiai (v dgs)	['bʲe:gʲɛɪ]
caminho de ferro (m)	geležìnkelis (v)	[gʲɛlʲɛ'ʒʲɪŋkʲɛlʲɪs]
travessa (f)	pãbėgis (v)	['pa:bʲe:gʲɪs]
plataforma (f)	platfòrma (m)	[plʲat'forma]
linha (f)	kẽlias (v)	['kʲælʲæs]
semáforo (m)	semafòras (v)	[sʲɛma'foras]
estação (f)	stotìs (m)	[sto'tʲɪs]
maquinista (m)	mašinìstas (v)	[maʃɪ'nʲɪstas]
bagageiro (m)	nešìkas (v)	[nʲɛ'ʃɪkas]
hospedeiro, -a (da carruagem)	kondùktorius (v)	[kɔn'duktorʲus]
passageiro (m)	keleìvis (v)	[kʲɛ'lʲɛɪvʲɪs]
revisor (m)	kontroliẽrius (v)	[kɔntro'lʲɛrʲus]
corredor (m)	korìdorius (v)	[kɔ'rʲɪdorʲus]
freio (m) de emergência	stãbdymo krãnas (v)	['sta:bdʲi:mɔ 'kra:nas]
compartimento (m)	kupė̃ (m)	[ku'pʲe:]
cama (f)	lentýna (m)	[lʲɛn'tʲi:na]
cama (f) de cima	viršutìnė lentýna (m)	[vʲɪrʃu'tʲɪnʲe: lʲɛn'tʲi:na]
cama (f) de baixo	apatìnė lentýna (m)	[apa'tʲɪnʲe: lʲɛn'tʲi:na]
roupa (f) de cama	pãtalynė (m)	['pa:talʲi:nʲe:]
bilhete (m)	bìlietas (v)	['bʲɪlʲiɛtas]
horário (m)	tvarkãraštis (v)	[tvar'ka:raʃtʲɪs]
painel (m) de informação	šviẽslentė (m)	['ʃvʲɛslʲɛntʲe:]
partir (vt)	išvỹkti	[ɪʃ'vʲi:ktʲɪ]
partida (f)	išvykìmas (v)	[ɪʃvʲi:'kʲɪmas]
chegar (vi)	atvỹkti	[at'vʲi:ktʲɪ]
chegada (f)	atvykìmas (v)	[atvʲi:'kʲɪmas]
chegar de comboio	atvažiúoti tráukiniu	[atva'ʒʲuatʲɪ 'trɑukʲɪnʲu]
apanhar o comboio	įlìpti į̃ tráukinį	[i:'lʲɪptʲɪ i: 'trɑukʲɪnʲɪ:]
sair do comboio	išlìpti ìš tráukinio	[ɪʃ'lʲɪptʲɪ ɪʃ 'trɑukʲɪnʲɔ]
acidente (m) ferroviário	katastrofà (m)	[katastro'fa]
descarrilar (vi)	nulẽkti nuõ bėgių	[nu'lʲe:ktʲɪ 'nuɑ 'bʲe:gʲu:]
locomotiva (f) a vapor	garvežỹs (v)	[garvʲɛ'ʒʲi:s]
fogueiro (m)	kūrìkas (v)	[ku:'rʲɪkas]
fornalha (f)	kūryklà (m)	[ku:rʲi:k'lʲa]
carvão (m)	anglìs (m)	[ang'lʲɪs]

26. Barco

| navio (m) | laĩvas (v) | ['lʲʌɪvas] |
| embarcação (f) | laĩvas (v) | ['lʲʌɪvas] |

vapor (m)	gárlaivis (v)	['garlʲʌɪvʲɪs]
navio (m)	motòrlaivis (v)	[mo'torlʲʌɪvʲɪs]
transatlântico (m)	láineris (v)	['lʲʌɪnʲɛrʲɪs]
cruzador (m)	kreĩseris (v)	['krʲɛɪsʲɛrʲɪs]

iate (m)	jachtà (m)	[jax'ta]
rebocador (m)	vilkìkas (v)	[vʲɪlʲʲkʲɪkas]
barcaça (f)	bárža (m)	['barʒa]
ferry (m)	kéltas (v)	['kʲɛlʲtas]

| veleiro (m) | bùrinis laĩvas (v) | ['burʲɪnʲɪs 'lʲʌɪvas] |
| bergantim (m) | brigantinà (m) | [brʲɪgantʲɪ'na] |

| quebra-gelo (m) | lēdlaužis (v) | ['lʲædlɑuʒʲɪs] |
| submarino (m) | povandenìnis laĩvas (v) | [povandʲɛ'nʲɪnʲɪs 'lʲʌɪvas] |

bote, barco (m)	váltis (m)	['valʲtʲɪs]
bote, dingue (m)	váltis (m)	['valʲtʲɪs]
bote (m) salva-vidas	gélbėjimo váltis (m)	['gʲælʲbʲeːjɪmɔ 'valʲtʲɪs]
lancha (f)	kãteris (v)	['ka:tʲɛrʲɪs]

capitão (m)	kapitõnas (v)	[kapʲɪ'to:nas]
marinheiro (m)	jūreĩvis (v)	[ju:'rʲɛɪvʲɪs]
marujo (m)	jūrininkas (v)	['ju:rʲɪnʲɪŋkas]
tripulação (f)	ekipážas (v)	[ɛkʲɪ'pa:ʒas]

contramestre (m)	bòcmanas (v)	['botsmanas]
grumete (m)	jùnga (m)	['juŋga]
cozinheiro (m) de bordo	viréjas (v)	[vʲɪ'rʲeːjas]
médico (m) de bordo	laĩvo gýdytojas (v)	['lʲʌɪvɔ 'gʲiːdʲiːtoːjɛs]

convés (m)	dēnis (v)	['dʲænʲɪs]
mastro (m)	stíebas (v)	['stʲɛbas]
vela (f)	bùrė (m)	['burʲeː]

porão (m)	triùmas (v)	['trʲumas]
proa (f)	laĩvo príekis (v)	['lʲʌɪvɔ 'prʲɛkʲɪs]
popa (f)	laivãgalis (v)	[lʌɪ'va:galʲɪs]
remo (m)	ìrklas (v)	['ɪrklʲas]
hélice (f)	sráigtas (v)	['srʌɪktas]

camarote (m)	kajùtė (m)	[ka'jutʲeː]
sala (f) dos oficiais	kajutkompãnija (m)	[kajutkom'pa:nʲɪjɛ]
sala (f) das máquinas	mašìnų skŷrius (v)	[ma'ʃɪnu: 'skʲiːrʲus]
ponte (m) de comando	kapitõno tiltēlis (v)	[kapʲɪ'to:nɔ tʲɪlʲ'tʲælʲɪs]
sala (f) de comunicações	rãdijo kabinà (m)	['ra:dʲɪjɔ kabʲɪ'na]
onda (f) de rádio	bangà (m)	[ban'ga]
diário (m) de bordo	laĩvo žurnãlas (v)	['lʲʌɪvɔ ʒurʲna:lʲas]
luneta (f)	žiūrõnas (v)	[ʒʲuː'ro:nas]
sino (m)	laĩvo skam̃balas (v)	['lʲʌɪvɔ 'skambalʲas]

bandeira (f)	vėliava (m)	['vʲeːlʲæva]
cabo (m)	lýnas (v)	['lʲiːnas]
nó (m)	mãzgas (v)	['maːzgas]
corrimão (m)	turėklai (v dgs)	[tʊ'rʲeːklʲʌɪ]
prancha (f) de embarque	trãpas (v)	['traːpas]
âncora (f)	iñkaras (v)	['ɪŋkaras]
recolher a âncora	pakélti iñkarą	[pa'kʲɛlʲtʲɪ 'ɪŋkaraː]
lançar a âncora	nuléisti iñkarą	[nʊ'lʲɛɪstʲɪ 'ɪŋkaraː]
amarra (f)	iñkaro grandinė (m)	['ɪŋkarɔ gran'dʲɪnʲeː]
porto (m)	úostas (v)	['ʊɑstas]
cais, amarradouro (m)	príeplauka (m)	['prʲiɛplʲɑʊka]
atracar (vi)	prisišvartúoti	[prʲɪsʲɪʃvar'tʊɑtʲɪ]
desatracar (vi)	išplaũkti	[ɪʃplʲɑʊktʲɪ]
viagem (f)	kelionė (m)	[kʲɛ'lʲoːnʲeː]
cruzeiro (m)	kruĩzas (v)	[krʊ'ɪzas]
rumo (m), rota (f)	kùrsas (v)	['kʊrsas]
itinerário (m)	maršrùtas (v)	[marʃ'rʊtas]
canal (m) navegável	farvãteris (v)	[far'vaːtʲɛrʲɪs]
banco (m) de areia	seklumà (m)	[sʲɛklʲʊ'ma]
encalhar (vt)	užplaũkti añt seklumõs	[ʊʒ'plʲɑʊktʲɪ ant sʲɛklʲʊ'moːs]
tempestade (f)	audrà (m)	[ɑʊd'ra]
sinal (m)	signãlas (v)	[sʲɪg'naːlʲas]
afundar-se (vr)	skęsti	['skʲɛːstʲɪ]
Homem ao mar!	Žmogùs vandenyjè!	[ʒmo'gʊs vandʲɛnʲiː'jæ!]
SOS	SOS	[ɛs ɔ ɛs]
boia (f) salva-vidas	gélbėjimosi rãtas (v)	[gʲɛlʲbʲeːjimosʲɪ 'raːtas]

CIDADE

27. Transportes urbanos

autocarro (m)	autobùsas (v)	[ɑuto'bʊsas]
elétrico (m)	tramvājus (v)	[tram'va:jʊs]
troleicarro (m)	troleibùsas (v)	[trolʲɛɪ'bʊsas]
itinerário (m)	maršrùtas (v)	[marʃ'rʊtas]
número (m)	nùmeris (v)	['nʊmʲɛrʲɪs]

ir de ... (carro, etc.)	važiúoti ...	[va'ʒʲʊatʲɪ ...]
entrar (~ no autocarro)	įlìpti į̃ ...	[i:'lʲɪ:ptʲɪ i: ...]
descer de ...	išlìpti ìš ...	[ɪʃlʲɪptʲɪ ɪʃ ...]

paragem (f)	stotēlė (m)	[sto'tʲælʲe:]
próxima paragem (f)	kità stotēlė (m)	[kɪ'ta sto'tʲælʲe:]
ponto (m) final	galutìnė stotēlė (m)	[galʊ'tʲɪnʲe: sto'tʲælʲe:]
horário (m)	tvarkāraštis (v)	[tvar'ka:raʃtʲɪs]
esperar (vt)	láukti	['lʲɑʊktʲɪ]

bilhete (m)	bìlietas (v)	['bʲɪlʲiɛtas]
custo (m) do bilhete	bìlieto káina (m)	['bʲɪlʲiɛtɔ 'kʌɪna]

bilheteiro (m)	kāsininkas (v)	['ka:sʲɪnʲɪŋkas]
controlo (m) dos bilhetes	kontrolė (m)	[kɔn'trolʲe:]
revisor (m)	kontroliērius (v)	[kɔntro'lʲɛrʲʊs]

atrasar-se (vr)	vėlúoti	[vʲe:'lʲʊatʲɪ]
perder (o autocarro, etc.)	pavėlúoti	[pavʲe:'lʲʊatʲɪ]
estar com pressa	skubéti	[skʊ'bʲe:tʲɪ]

táxi (m)	taksì (v)	[tak'sʲɪ]
taxista (m)	taksìstas (v)	[tak'sʲɪstas]
de táxi (ir ~)	sù taksì	['sʊ tak'sʲɪ]
praça (f) de táxis	taksì stovéjimo aikštēlė (m)	[tak'sʲɪ sto'vʲɛjɪmɔ ʌɪkʃ'tʲælʲe:]
chamar um táxi	iškviẽsti taksì	[ɪʃk'vʲɛstʲɪ tak'sʲɪ]
apanhar um táxi	įsėstì į̃ taksì	[i:sʲes'tʲɪ: i: tak'sʲɪ:]

tráfego (m)	gātvės judéjimas (v)	['ga:tvʲe:s jʊ'dʲɛjɪmas]
engarrafamento (m)	kamštìs (v)	['kamʃtʲɪs]
horas (f pl) de ponta	pìko vālandos (m dgs)	['pʲɪkɔ 'va:lʲandos]
estacionar (vi)	parkúotis	[par'kʊatʲɪs]
estacionar (vt)	parkúoti	[par'kʊatʲɪ]
parque (m) de estacionamento	stovéjimo aikštēlė (m)	[sto'vʲɛjɪmɔ ʌɪkʃ'tʲælʲe:]

metro (m)	metrò	[mʲɛ'tro]
estação (f)	stotìs (m)	[sto'tʲɪs]
ir de metro	važiúoti metrò	[va'ʒʲʊatʲɪ mʲɛ'tro]
comboio (m)	traukinỹs (v)	[trɑʊkʲɪ'nʲi:s]
estação (f)	stotìs (m)	[sto'tʲɪs]

28. Cidade. Vida na cidade

cidade (f)	miẽstas (v)	['mˈɛstas]
capital (f)	sóstinė (m)	['sostˈɪnʲe:]
aldeia (f)	káimas (v)	['kʌɪmas]
mapa (m) da cidade	miẽsto plãnas (v)	['mˈɛstɔ 'plʲa:nas]
centro (m) da cidade	miẽsto cẽntras (v)	['mˈɛstɔ 'tsʲɛntras]
subúrbio (m)	príemiestis (v)	['prʲɪɛmʲɛstʲɪs]
suburbano	príemiesčio	['prʲɪɛmʲɪɛstsʲɔ]
periferia (f)	pakraštỹs (v)	[pakraʃˈtʲi:s]
arredores (m pl)	apýlinkės (m dgs)	[a'pʲi:lʲɪŋkʲe:s]
quarteirão (m)	kvartãlas (v)	[kvar'ta:lʲas]
quarteirão (m) residencial	gyvẽnamas kvartãlas (v)	[gʲi:'vʲænamas kvar'ta:lʲas]
tráfego (m)	judéjimas (v)	[juˈdʲɛjɪmas]
semáforo (m)	šviesofóras (v)	[ʃvʲɪɛso'foras]
transporte (m) público	miẽsto transpórtas (v)	['mˈɛstɔ trans'portas]
cruzamento (m)	sánkryža (m)	['saŋkrʲi:ʒa]
passadeira (f)	pérėja (m)	['pʲɛrʲe:ja]
passagem (f) subterrânea	požeminė pérėja (m)	[poʒe'mʲɪnʲe: 'pʲærʲe:ja]
cruzar, atravessar (vt)	péreiti	['pʲɛrʲɛɪtʲɪ]
peão (m)	péstysis (v)	['pʲe:stʲi:sʲɪs]
passeio (m)	šalìgatvis (v)	[ʃa'lʲɪgatvʲɪs]
ponte (f)	tìltas (v)	['tʲɪlʲtas]
margem (f) do rio	krantìnė (m)	[kran'tʲɪnʲe:]
alameda (f)	aléja (m)	[a'lʲe:ja]
parque (m)	párkas (v)	['parkas]
bulevar (m)	bulvãras (v)	[bulʲʲ'va:ras]
praça (f)	aikštė̃ (m)	[ʌɪkʃˈtʲe:]
avenida (f)	prospẽktas (v)	[pros'pʲɛktas]
rua (f)	gãtvė (m)	['ga:tvʲe:]
travessa (f)	skẽrsgatvis (v)	['skʲɛrsgatvʲɪs]
beco (m) sem saída	tupìkas (v)	[tu'pʲɪkas]
casa (f)	nãmas (v)	['na:mas]
edifício, prédio (m)	pãstatas (v)	['pa:statas]
arranha-céus (m)	dangóraižis (v)	[dan'gorʌɪʒʲɪs]
fachada (f)	fasãdas (v)	[fa'sa:das]
telhado (m)	stógas (v)	['stogas]
janela (f)	lángas (v)	['lʲangas]
arco (m)	árka (m)	['arka]
coluna (f)	kolonà (m)	[kɔlʲo'na]
esquina (f)	kampas (v)	['kampas]
montra (f)	vitrinà (m)	[vʲɪtrʲɪ'na]
letreiro (m)	ìškaba (m)	['ɪʃkaba]
cartaz (m)	afišà (m)	[afʲɪ'ʃa]
cartaz (m) publicitário	reklãminis plakãtas (v)	[rʲɛk'lʲa:mʲɪnʲɪs plʲa'ka:tas]
painel (m) publicitário	reklãminis skýdas (v)	[rʲɛk'lʲa:mʲɪnʲɪs 'skʲi:das]

lixo (m)	šiùkšlės (m dgs)	['ʃukʃ͡leːs]
cesta (f) do lixo	ùrna (m)	['urna]
jogar lixo na rua	šiùkšlinti	['ʃukʃlintʲɪ]
aterro (m) sanitário	sąvartýnas (v)	[saːvarʲtʲiːnas]

cabine (f) telefónica	telefòno bùdelė (m)	[tʲɛlʲɛ'fonɔ 'budelʲeː]
candeeiro (m) de rua	žibiñto stulpas (v)	[ʒʲɪ'bʲɪntɔ 'stuʃ͡pas]
banco (m)	sùolas (v)	['suɑlʲas]

polícia (m)	polìcininkas (v)	[po'lʲɪtsʲɪnʲɪŋkas]
polícia (instituição)	polìcija (m)	[po'lʲɪtsʲɪjɛ]
mendigo (m)	skurdžius (v)	['skurdʒʲus]
sem-abrigo (m)	benãmis (v)	[bʲɛ'naːmʲɪs]

29. Instituições urbanas

loja (f)	parduotùvė (m)	[parduɑ'tuvʲeː]
farmácia (f)	vaìstinė (m)	['vʌɪstʲɪnʲeː]
ótica (f)	òptika (m)	['optʲɪka]
centro (m) comercial	prekýbos ceñtras (v)	[prʲɛ'kʲiːbos 'tsʲɛntras]
supermercado (m)	supermárketas (v)	[supʲɛr'markʲɛtas]

padaria (f)	bandėlių kráutuvė (m)	[ban'dʲæːlʲu: 'krɑutuvʲeː]
padeiro (m)	kepéjas (v)	[kʲɛ'pʲeːjas]
pastelaria (f)	konditèrija (m)	[kondʲɪ'tʲɛrʲɪjɛ]
mercearia (f)	bakaléja (m)	[baka'lʲeːja]
talho (m)	mėsõs kráutuvė (m)	[mʲeː'soːs 'krɑutuvʲeː]

| loja (f) de legumes | daržóvių kráutuvė (m) | [dar'ʒovʲu: 'krɑutuvʲeː] |
| mercado (m) | prekývietė (m) | [prʲɛ'kʲiːvʲiɛtʲeː] |

café (m)	kavìnė (m)	[ka'vʲɪnʲeː]
restaurante (m)	restorãnas (v)	[rʲɛsto'raːnas]
bar (m), cervejaria (f)	alùdė (m)	[a'lʲudʲeː]
pizzaria (f)	picèrija (m)	[pʲɪ'tsʲɛrʲɪjɛ]

salão (m) de cabeleireiro	kirpyklà (m)	[kʲɪrpʲiːk'lʲa]
correios (m pl)	pãštas (v)	['paːʃtas]
lavandaria (f)	valyklà (m)	[valʲiːk'la]
estúdio (m) fotográfico	fotoateljě (v)	[fotoate'lʲjeː]

sapataria (f)	ãvalynės parduotùvė (m)	['aːvalʲiːnʲeːs parduɑ'tuvʲeː]
livraria (f)	knygýnas (v)	[knʲiː'gʲiːnas]
loja (f) de artigos de desporto	spòrtinių prēkių parduotùvė (m)	['sportʲɪnʲu: 'prʲækʲu: parduɑ'tuvʲeː]

reparação (f) de roupa	drabùžių taisyklà (m)	[dra'buʒʲu: tʌɪsʲiːk'lʲa]
aluguer (m) de roupa	drabùžių núoma (m)	[dra'buʒʲu: 'nuɑma]
aluguer (m) de filmes	fìlmų núoma (m)	['fʲɪlʲmu: 'nuɑma]

circo (m)	cìrkas (v)	['tsʲɪrkas]
jardim (m) zoológico	zoològijos sõdas (v)	[zoo'lʲogʲɪjɔs 'soːdas]
cinema (m)	kìno teãtras (v)	['kʲɪnɔ tʲɛ'aːtras]
museu (m)	muziẽjus (v)	[mu'zʲɛjus]

biblioteca (f)	bibliotekà (m)	[bˈɪblʲɪjɔtʲɛ'ka]
teatro (m)	teãtras (v)	[tʲɛ'a:tras]
ópera (f)	òpera (m)	['opʲɛra]
clube (m) noturno	naktìnis klùbas (v)	[nak'tʲɪnʲɪs 'klʲʊbas]
casino (m)	kazinò (v)	[kazʲɪ'no]

mesquita (f)	mečètè (m)	[mʲɛ'tʂʲɛtʲe:]
sinagoga (f)	sinagogà (m)	[sʲɪnago'ga]
catedral (f)	kãtedra (m)	['ka:tʲɛdra]
templo (m)	šventyklà (m)	[ʃvʲɛntʲi:k'lʲa]
igreja (f)	bažnýčia (m)	[baʒ'nʲi:tʂʲæ]

instituto (m)	institùtas (v)	[ɪnstʲɪ'tʊtas]
universidade (f)	universitètas (v)	[ʊnʲɪvʲɛrsʲɪ'tʲɛtas]
escola (f)	mokyklà (m)	[mokʲi:k'lʲa]

prefeitura (f)	prefektūrà (m)	[prʲɛfʲɛk'tu:'ra]
câmara (f) municipal	savivaldýbè (m)	[savʲɪvalʲˈdʲi:bʲe:]
hotel (m)	viešbutis (v)	['vʲɛʃbʊtʲɪs]
banco (m)	bánkas (v)	['baŋkas]

embaixada (f)	ambasadà (m)	[ambasa'da]
agência (f) de viagens	turìzmo agentūrà (m)	[tʊ'rʲɪzmɔ agʲɛntu:'ra]
agência (f) de informações	informãcijos biùras (v)	[ɪnfor'ma:tsʲɪjos 'bʲʊras]
casa (f) de câmbio	keityklà (m)	[kʲɛɪtʲi:k'lʲa]

| metro (m) | metrò | [mʲɛ'tro] |
| hospital (m) | ligóninè (m) | [lʲɪ'gonʲɪnʲe:] |

| posto (m) de gasolina | degalìnè (m) | [dʲɛga'lʲɪnʲe:] |
| parque (m) de estacionamento | stovèjimo aikštèlè (m) | [sto'vʲɛjɪmɔ ʌɪkʃ'tʲælʲe:] |

30. Sinais

letreiro (m)	iškaba (m)	['ɪʃkaba]
inscrição (f)	užrašas (v)	['ʊʒraʃas]
cartaz, póster (m)	plakãtas (v)	[plʲa'ka:tas]
sinal (m) informativo	núoroda (m)	['nuɑroda]
seta (f)	rodýklè (m)	[ro'dʲi:klʲe:]

aviso (advertência)	pérspèjimas (v)	['pʲɛrspʲe:jimas]
sinal (m) de aviso	įspéjimas (v)	[i:spʲe:'jɪmas]
avisar, advertir (vt)	įspéti	[i:s'pʲe:tʲɪ]

dia (m) de folga	išeigìnè dienà (m)	[ɪʃɛɪ'gʲɪnʲe: dʲɛ'na]
horário (m)	tvarkãraštis (v)	[tvar'ka:raʃtʲɪs]
horário (m) de funcionamento	dárbo valandõs (m dgs)	['darbo valʲan'do:s]

BEM-VINDOS!	SVEIKÌ ATVÝKĘ!	[svʲɛɪ'kʲɪ at'vʲi:kʲɛ:!]
ENTRADA	ĮÉJÌMAS	[i:ʲɛ:'jɪmas]
SAÍDA	IŠÉJÌMAS	[ɪʃʲe:'jɪmas]

| EMPURRE | STÙMTI | ['stʊmtʲɪ] |
| PUXE | TRÁUKTI | ['trɑʊktʲɪ] |

| ABERTO | ATIDARÝTA | [atʲɪdaˈrʲiːta] |
| FECHADO | UŽDARÝTA | [uʒdaˈrʲiːta] |

| MULHER | MÓTERIMS | [ˈmotʲɛrʲɪms] |
| HOMEM | VÝRAMS | [ˈvʲiːrams] |

DESCONTOS	NÚOLAIDOS	[ˈnuɑlʲʌɪdos]
SALDOS	IŠPARDAVÌMAS	[ɪʃpardaˈvʲɪmas]
NOVIDADE!	NAUJÍENA!	[nɑuˈjiɛnal]
GRÁTIS	NEMÓKAMAI	[nʲɛˈmokamʌɪ]

ATENÇÃO!	DĖMESIO!	[ˈdʲeːmesʲɔ!]
NÃO HÁ VAGAS	VIĖTŲ NĖRA	[ˈvʲɛtu: ˈnʲeːra]
RESERVADO	REZERVÚOTA	[rʲɛzʲɛrˈvʊɑta]

ADMINISTRAÇÃO	ADMINISTRÃCIJA	[admʲɪnʲɪsˈtratsʲɪja]
SOMENTE PESSOAL	TÌK PERSONÃLUI	[ˈtʲɪk pʲɛrsoˈnalʲʊi]
AUTORIZADO		

CUIDADO CÃO FEROZ	PIKTAS ŠUO	[ˈpʲɪktas ˈʃʊɑ]
PROIBIDO FUMAR!	RŪKÝTI DRAŪDŽIAMA	[ruːˈkʲiːtʲɪ ˈdrɑudʒʲæma]
NÃO TOCAR	NELIĖSTI!	[nʲɛˈlʲɛstʲɪ!]

PERIGOSO	PAVOJÌNGA	[pavoˈjɪnga]
PERIGO	PAVÕJUS	[paˈvoːjʊs]
ALTA TENSÃO	AUKŠTÀ ĮTAMPA	[ɑukʃˈta ˈiːtampa]
PROIBIDO NADAR	MÁUDYTIS DRAŪDŽIAMA	[ˈmɑudʲiːtʲɪs ˈdrɑudʒʲæma]
AVARIADO	NEVÉIKIA	[nʲɛˈvʲɛɪkʲɛ]

INFLAMÁVEL	DEGÙ	[dʲɛˈgʊ]
PROIBIDO	DRAŪDŽIAMA	[ˈdrɑudʒʲæma]
ENTRADA PROIBIDA	PRAĖJÌMAS	[prae:ˈjɪmas
	DRAŪDŽIAMAS	ˈdrɑudʒʲæmas]

| CUIDADO TINTA FRESCA | NUDAŽYTA | [nʊdaˈʒʲiːta] |

31. Compras

comprar (vt)	pírkti	[ˈpʲɪrktʲɪ]
compra (f)	pirkinỹs (v)	[pʲɪrkʲɪˈnʲiːs]
fazer compras	apsipírkti	[apsʲɪˈpʲɪrktʲɪ]
compras (f pl)	apsipirkìmas (v)	[apsʲɪpʲɪrˈkʲɪmas]

| estar aberta (loja, etc.) | veìkti | [ˈvʲɛɪktʲɪ] |
| estar fechada | užsidarýti | [ʊʒsʲɪdaˈrʲiːtʲɪ] |

calçado (m)	ãvalynė (m)	[ˈaːvalʲiːnʲeː]
roupa (f)	drabùžiai (v)	[draˈbʊʒʲɛɪ]
cosméticos (m pl)	kosmètika (m)	[kɔsˈmʲɛtʲɪka]
alimentos (m pl)	prodùktai (v)	[proˈdʊktʌɪ]
presente (m)	dovanà (m)	[dovaˈna]

vendedor (m)	pardavéjas (v)	[pardaˈvʲeːjas]
vendedora (f)	pardavéja (m)	[pardaˈvʲeːja]
caixa (f)	kasà (m)	[kaˈsa]

espelho (m)	veídrodis (v)	['vʲɛɪdrodʲɪs]
balcão (m)	prekýstalis (v)	[prʲɛ'kʲiːstalʲɪs]
cabine (f) de provas	matãvimosi kabinà (m)	[ma'ta:vʲɪmosʲɪ kabʲɪ'na]
provar (vt)	matúoti	[ma'tʊatʲɪ]
servir (vi)	tìkti	['tʲɪktʲɪ]
gostar (apreciar)	patìkti	[pa'tʲɪktʲɪ]
preço (m)	kaína (m)	['kʌɪna]
etiqueta (f) de preço	kainýnas (v)	[kʌɪ'nʲiːnas]
custar (vt)	kainúoti	[kʌɪ'nʊatʲɪ]
Quanto?	Kíek?	['kʲiɛk?]
desconto (m)	núolaida (m)	['nʊalʲʌɪda]
não caro	nebrangus	[nʲɛbran'gʊs]
barato	pigus	[pʲɪ'gʊs]
caro	brangus	[bran'gʊs]
É caro	Taì brangù.	['tʌɪ bran'gʊ]
aluguer (m)	núoma (m)	['nʊama]
alugar (vestidos, etc.)	išsinúomoti	[ɪʃsʲɪ'nʊamotʲɪ]
crédito (m)	kredìtas (v)	[krʲɛ'dʲɪtas]
a crédito	kreditù	[krʲɛdʲɪ'tʊ]

VESTUÁRIO & ACESSÓRIOS

32. Roupa exterior. Casacos

roupa (f)	aprangà (m)	[apran'ga]
roupa (f) exterior	viršutìniai drabùžiai (v dgs)	[vʲɪrʃʊ'tʲɪnʲɛɪ dra'buʒʲɛɪ]
roupa (f) de inverno	žiemìniai drabùžiai (v)	[ʒʲiɛ'mʲɪnʲɛɪ dra'buʒʲɛɪ]
sobretudo (m)	páltas (v)	['palʲtas]
casaco (m) de peles	kailiniaĩ (v dgs)	[kʌɪlʲɪ'nʲɛɪ]
casaco curto (m) de peles	pùskailiniai (v)	['puskʌɪlʲɪnʲɛɪ]
casaco (m) acolchoado	pūkìnė (m)	[pu:'kʲɪnʲe:]
casaco, blusão (m)	striùkė (m)	['strʲukʲe:]
impermeável (m)	apsiaũstas (v)	[ap'sʲɛustas]
impermeável	nepéršlampamas	[nʲɛ'pʲɛrʃlʲampamas]

33. Vestuário de homem & mulher

camisa (f)	marškiniaĩ (v dgs)	[marʃkʲɪ'nʲɛɪ]
calças (f pl)	kélnės (m dgs)	['kʲɛlʲnʲe:s]
calças (f pl) de ganga	džìnsai (v dgs)	['dʒɪnsʌɪ]
casaco (m) de fato	švaŕkas (v)	['ʃvarkas]
fato (m)	kostiùmas (v)	[kɔs'tʲumas]
vestido (ex. ~ vermelho)	suknėlė (m)	[suk'nʲælʲe:]
saia (f)	sijónas (v)	[sʲɪ'jɔ:nas]
blusa (f)	palaidìnė (m)	[palʲʌɪ'dʲɪnʲe:]
casaco (m) de malha	sùsegamas megztìnis (v)	['susʲɛgamas mʲɛgz'tʲɪnʲɪs]
casaco, blazer (m)	žakètas, švarkėlis (v)	[ʒa'kʲɛtas], [ʃvar'kʲælʲɪs]
T-shirt, camiseta (f)	fùtbolininko marškiniaĩ (v)	['futbolʲɪnʲɪŋkɔ marʃkʲɪ'nʲɛɪ]
calções (Bermudas, etc.)	šóŕtai (v dgs)	['ʃɔrtʌɪ]
fato (m) de treino	spòrtinis kostiùmas (v)	['sportʲɪnʲɪs kɔs'tʲumas]
roupão (m) de banho	chalãtas (v)	[xa'lʲa:tas]
pijama (m)	pižamà (m)	[pʲɪʒa'ma]
suéter (m)	nertìnis (v)	[nʲɛr'tʲɪnʲɪs]
pulôver (m)	megztìnis (v)	[mʲɛgz'tʲɪnʲɪs]
colete (m)	liemėnė (m)	[lʲiɛ'mʲænʲe:]
fraque (m)	frãkas (v)	['fra:kas]
smoking (m)	smòkingas (v)	['smokʲɪngas]
uniforme (m)	unifòrma (m)	[unʲɪ'forma]
roupa (f) de trabalho	dárbo drabùžiai (v)	['darbo dra'buʒʲɛɪ]
fato-macaco (m)	kombinezònas (v)	[kɔmbʲɪnʲɛ'zonas]
bata (~ branca, etc.)	chalãtas (v)	[xa'lʲa:tas]

34. Vestuário. Roupa interior

roupa (f) interior	baltiniaĩ (v dgs)	[balʲtʲɪ'nʲɛɪ]
camisola (f) interior	apatìniai marškinėliai (v dgs)	[apa'tʲɪnʲɛɪ marʃkʲɪ'nʲe:ˡʲɛɪ]
peúgas (f pl)	kójinės (m dgs)	['ko:jɪnʲe:s]
camisa (f) de noite	naktìniai marškiniaĩ (v dgs)	[nak'tʲɪnʲɛɪ marʃkʲɪ'nʲɛɪ]
sutiã (m)	liemenėlė (m)	[lʲiɛme'nʲe:ˡʲe:]
meias longas (f pl)	gólfai (v)	['golʲfʌɪ]
meia-calça (f)	pédkelnės (m dgs)	['pʲe:dkʲɛlʲnʲe:s]
meias (f pl)	kójinės (m dgs)	['ko:jɪnʲe:s]
fato (m) de banho	máudymosi kostiumėlis (v)	['mɑʊdʲi:mosʲɪ kostʲʊ'mʲe:lʲɪs]

35. Adereços de cabeça

chapéu (m)	kepùrė (m)	[kʲɛ'pʊrʲe:]
chapéu (m) de feltro	skrybėlė̃ (m)	[skrʲi:bʲe:'lʲe:]
boné (m) de beisebol	beìsbolo lazdà (m)	['bʲɛɪsbolʲɔ lʲaz'da]
boné (m)	kepùrė (m)	[kʲɛ'pʊrʲe:]
boina (f)	berètė (m)	[bʲɛ'rʲɛtʲe:]
capuz (m)	gobtùvas (v)	[gop'tʊvas]
panamá (m)	panamà (m)	[pana'ma]
gorro (m) de malha	megztà kepuráitė (m)	[mʲɛgz'ta kepʊ'rʌɪtʲe:]
lenço (m)	skarà (m), skarėlė (m)	[ska'ra], [ska'rʲæˡʲe:]
chapéu (m) de mulher	skrybėláitė (m)	[skrʲi:bʲe:'lʲʌɪtʲe:]
capacete (m) de proteção	šálmas (v)	['ʃalʲmas]
bibico (m)	pilòtė (m)	[pʲɪ'lʲotʲe:]
capacete (m)	šálmas (v)	['ʃalʲmas]
chapéu-coco (m)	katiliùkas (v)	[katʲɪ'lʲʊkas]
chapéu (m) alto	cilìndras (v)	[tsʲɪ'lʲɪndras]

36. Calçado

calçado (m)	ãvalynė (m)	['a:valʲi:nʲe:]
botinas (f pl)	bãtai (v)	['ba:tʌɪ]
sapatos (de salto alto, etc.)	batėliai (v)	[ba'tʲælʲɛɪ]
botas (f pl)	aulìniai bãtai (v)	[ɑʊ'lʲɪnʲɛɪ 'ba:tʌɪ]
pantufas (f pl)	šlepėtės (m dgs)	[ʃlʲɛ'pʲætʲe:s]
ténis (m pl)	spòrtbačiai (v dgs)	['sportbatʂɛɪ]
sapatilhas (f pl)	spòrtbačiai (v dgs)	['sportbatʂɛɪ]
sandálias (f pl)	sandãlai (v dgs)	[san'da:lʲʌɪ]
sapateiro (m)	batsiuvỹs (v)	[batsʲʊ'vʲi:s]
salto (m)	kulnas (v)	['kʊˡʲnas]
par (m)	porà (m)	[po'ra]
atacador (m)	bãtraištis (v)	['ba:trʌɪʃtʲɪs]

apertar os atacadores	várstyti	['varstⁱiː:tⁱɪ]
calçadeira (f)	šáukštas (v)	['ʃaukʃtas]
graxa (f) para calçado	ãvalynés krėmas (v)	['aːvalⁱiːnⁱeːs 'krⁱɛmas]

37. Acessórios pessoais

luvas (f pl)	pírštinės (m dgs)	['pⁱɪrʃtⁱɪnⁱeːs]
mitenes (f pl)	kùmštinės (m dgs)	['kumʃtⁱɪnⁱeːs]
cachecol (m)	šãlikas (v)	['ʃaːlⁱɪkas]

óculos (m pl)	akiniaĩ (dgs)	[akⁱɪ'nⁱɛɪ]
armação (f) de óculos	rėmėliai (v dgs)	[rⁱeː'mⁱælⁱɛɪ]
guarda-chuva (m)	skėtis (v)	['skⁱeː:tⁱɪs]
bengala (f)	lazdėlė (m)	[laz'dⁱælⁱeː]
escova (f) para o cabelo	plaukų šepetỹs (v)	[plⁱau'ku: ʃɛpⁱɛ'tⁱi:s]
leque (m)	vėduõklė (m)	[vⁱe:'duaklⁱeː]

gravata (f)	kaklãraištis (v)	[kak'lⁱaːrʌɪʃtⁱɪs]
gravata-borboleta (f)	petelìškė (m)	[pⁱɛtⁱɛ'lⁱɪʃkⁱeː]
suspensórios (m pl)	pẽtnešos (m dgs)	['pⁱætnⁱɛʃos]
lenço (m)	nósinė (m)	['nosⁱɪnⁱeː]

pente (m)	šùkos (m dgs)	['ʃukos]
travessão (m)	segtùkas (v)	[sⁱɛk'tukas]
gancho (m) de cabelo	plaukų segtùkas (v)	[plⁱau'ku: sⁱɛk'tukas]
fivela (f)	sagtìs (m)	[sak'tⁱɪs]

| cinto (m) | díržas (v) | ['dⁱɪrʒas] |
| correia (f) | díržas (v) | ['dⁱɪrʒas] |

mala (f)	rankinùkas (v)	[raŋkⁱɪ'nukas]
mala (f) de senhora	rankinùkas (v)	[raŋkⁱɪ'nukas]
mochila (f)	kuprìnė (m)	[ku'prⁱɪnⁱeː]

38. Vestuário. Diversos

moda (f)	madà (m)	[ma'da]
na moda	madìngas	[ma'dⁱɪngas]
estilista (m)	modeliúotojas (v)	[modⁱɛ'lⁱuato:jɛs]

colarinho (m), gola (f)	apýkaklė (m)	[a'pⁱiː:kaklⁱeː]
bolso (m)	kišẽnė (m)	[kⁱɪ'ʃænⁱeː]
de bolso	kišenìnis	[kⁱɪʃɛ'nⁱɪnⁱɪs]
manga (f)	rankóvė (m)	[raŋ'kovⁱeː]
alcinha (f)	pakabà (m)	[paka'ba]
braguilha (f)	klỹnas (v)	['klⁱiː:nas]

fecho (m) de correr	užtrauktùkas (v)	[uʒtrauk'tukas]
fecho (m), colchete (m)	užsegìmas (v)	[uʒsⁱɛ'gⁱɪmas]
botão (m)	sagà (m)	[sa'ga]
casa (f) de botão	kìlpa (m)	['kⁱɪlⁱpa]
soltar-se (vr)	atplýšti	[at'plⁱiː:ʃtⁱɪ]

coser, costurar (vi)	siúti	['sʲu:tʲɪ]
bordar (vt)	siuvinéti	[sʲʊvʲɪ'nʲe:tʲɪ]
bordado (m)	siuvinéjimas (v)	[sʲʊvʲɪ'nʲɛjɪmas]
agulha (f)	ãdata (m)	['a:data]
fio (m)	siū́las (v)	['sʲu:lʲas]
costura (f)	siū́lė (m)	['sʲu:lʲe:]

sujar-se (vr)	išsitèpti	[ɪʃsʲɪ'tʲɛptʲɪ]
mancha (f)	dėmė̃ (m)	[dʲe:'mʲe:]
engelhar-se (vr)	susiglámžyti	[sʊsʲɪ'glʲa mʒʲi:tʲɪ]
rasgar (vt)	supléšyti	[sʊp'lʲe:ʃɪ:tʲɪ]
traça (f)	kañdis (v)	['kandʲɪs]

39. Cuidados pessoais. Cosméticos

pasta (f) de dentes	dantų̃ pasta (m)	[dan'tu: pas'ta]
escova (f) de dentes	dantų̃ šepetėlis (v)	[dan'tu: ʃepe'tʲe:lʲɪs]
escovar os dentes	valýti dantìs	[va'lʲi:tʲɪ dan'tʲɪs]

máquina (f) de barbear	skustùvas (v)	[skʊ'stʊvas]
creme (m) de barbear	skutìmosi krèmas (v)	[skʊ'tʲɪmosʲɪ 'krʲɛmas]
barbear-se (vr)	skùstis	['skʊstʲɪs]

sabonete (m)	muĩlas (v)	['mʊɪlʲas]
champô (m)	šampū̃nas (v)	[ʃam'pu:nas]

tesoura (f)	žìrklės (m dgs)	['ʒʲɪrklʲe:s]
lima (f) de unhas	dìldė (m) nagáms	['dʲɪlʲdʲe: na'gams]
corta-unhas (m)	gnybtùkai (v)	[gnʲi:p'tʊkʌɪ]
pinça (f)	pincètas (v)	[pʲɪn'tsʲɛtas]

cosméticos (m pl)	kosmètika (m)	[kɔs'mʲɛtʲɪka]
máscara (f) facial	kaũkė (m)	['kaʊkʲe:]
manicura (f)	manikiū̃ras (v)	[manʲɪ'kʲu:ras]
fazer a manicura	darýti manikiū̃rą	[da'rʲi:tʲɪ manʲɪ'kʲu:ra:]
pedicure (f)	pedikiū̃ras (v)	[pʲɛdʲɪ'kʲu:ras]

mala (f) de maquilhagem	kosmètinė (m)	[kɔs'mʲɛtʲɪnʲe:]
pó (m)	pudra (m)	[pʊd'ra]
caixa (f) de pó	pùdrinė (m)	['pʊdrʲɪnʲe:]
blush (m)	skaistalaĩ (v dgs)	[skʌɪsta'lʲáĩ]

perfume (m)	kvepalaĩ (v dgs)	[kvʲɛpa'lʲáĩ]
água (f) de toilette	tualètinis vanduõ (v)	[tʊa'lʲɛtʲɪnʲɪs van'dʊɑ]
loção (f)	losjònas (v)	[lʲo'sjɔ nas]
água-de-colónia (f)	odekolònas (v)	[odʲɛko'lʲonas]

sombra (f) de olhos	vokų̃ šešėliai (v)	[vo'ku: ʃe'ʃʲe:lʲɛɪ]
lápis (m) delineador	akių̃ pieštùkas (v)	[a'kʲu: pʲiɛʃ'tʊkas]
máscara (f), rímel (m)	tùšas (v)	['tʊʃas]

batom (m)	lū́pų dažaĩ (v)	['lʲu:pu: da'ʒʌɪ]
verniz (m) de unhas	nagų̃ lãkas (v)	[na'gu: 'lʲa:kas]
laca (f) para cabelos	plaukų̃ lãkas (v)	[plʲaʊ'ku: 'lʲa:kas]

desodorizante (m)	dezodorántas (v)	[dᶦɛzodo'rantas]
creme (m)	krèmas (v)	['krᶦɛmas]
creme (m) de rosto	véido krèmas (v)	['vᶦɛɪdɔ 'krᶦɛmas]
creme (m) de mãos	rañkų krèmas (v)	['raŋku: 'krᶦɛmas]
creme (m) antirrugas	krèmas (v) nuõ raukšlių	['krᶦɛmas nʊɑ raʊkʃᶦlᶦu:]
creme (m) de dia	dienìnis krèmas (v)	[dᶦɪɛ'nᶦɪnᶦɪs 'krᶦɛmas]
creme (m) de noite	naktìnis krèmas (v)	[nak'tᶦɪnᶦɪs 'krᶦɛmas]
de dia	dienìnis	[dᶦɪɛ'nᶦɪnᶦɪs]
da noite	naktìnis	[nak'tᶦɪnᶦɪs]

tampão (m)	tampónas (v)	[tam'ponas]
papel (m) higiénico	tualètinis põpierius (v)	[tʊa'lᶦɛtᶦɪnᶦɪs 'po:pᶦɪɛrᶦʊs]
secador (m) elétrico	fènas (v)	['fᶦɛnas]

40. Relógios de pulso. Relógios

relógio (m) de pulso	laĩkrodis (v)	['lᶦʌɪkrodᶦɪs]
mostrador (m)	ciferblãtas (v)	[tsᶦɪfᶦɛr'blᶦa:tas]
ponteiro (m)	rodýklė (m)	[ro'dᶦi:klᶦe:]
bracelete (f) em aço	apýrankė (m)	[a'pᶦi:raŋkᶦe:]
bracelete (f) em couro	diržèlis (v)	[dᶦɪr'ʒᶦæ̃lᶦɪs]

pilha (f)	elemeñtas (v)	[ɛlᶦɛ'mᶦɛntas]
descarregar-se	išsikráuti	[ɪʃsᶦɪ'krɑʊtᶦɪ]
trocar a pilha	pakeĩsti elemeñtą	[pa'kᶦɛɪstᶦɪ ɛlᶦɛ'mᶦɛnta:]
estar adiantado	skubéti	[skʊ'bᶦe:tᶦɪ]
estar atrasado	atsilìkti	[atsᶦɪ'lᶦɪktᶦɪ]

relógio (m) de parede	síeninis laĩkrodis (v)	['sᶦɪɛnᶦɪnᶦɪs 'lᶦʌɪkrodᶦɪs]
ampulheta (f)	smēlio laĩkrodis (v)	['smᶦe:lᶦɔ 'lʌɪkrodᶦɪs]
relógio (m) de sol	sáulės laĩkrodis (v)	['sɑʊlᶦe:s 'lʌɪkrodᶦɪs]
despertador (m)	žadintùvas (v)	[ʒadᶦɪn'tʊvas]
relojoeiro (m)	laĩkrodininkas (v)	['lᶦʌɪkrodᶦɪnᶦɪŋkas]
reparar (vt)	taisýti	[tʌɪ'sᶦi:tᶦɪ]

EXPERIÊNCIA DO QUOTIDIANO

41. Dinheiro

dinheiro (m)	pinigaĩ (v)	[pʲɪnʲɪˈgʌɪ]
câmbio (m)	keitìmas (v)	[kʲɛɪˈtʲɪmas]
taxa (f) de câmbio	kùrsas (v)	[ˈkʊrsas]
Caixa Multibanco (m)	bankomãtas (v)	[baŋkoˈmaːtas]
moeda (f)	monetà (m)	[monʲɛˈta]
dólar (m)	dóleris (v)	[ˈdolʲɛrʲɪs]
euro (m)	eũras (v)	[ˈɛʊras]
lira (f)	lirà (m)	[lʲɪˈra]
marco (m)	márkė (m)	[ˈmarkʲeː]
franco (m)	fránkas (v)	[ˈfraŋkas]
libra (f) esterlina	svãras (v)	[ˈsvaːras]
iene (m)	jenà (m)	[jɛˈna]
dívida (f)	skolà (m)	[skoˈlʲa]
devedor (m)	skõlininkas (v)	[ˈskoːlʲɪnʲɪŋkas]
emprestar (vt)	dúoti į̃ skõlą	[ˈdʊatʲɪ iː ˈskoːlʲaː]
pedir emprestado	im̃ti į̃ skõlą	[ˈɪmtʲɪ iː ˈskoːlʲaː]
banco (m)	bánkas (v)	[ˈbaŋkas]
conta (f)	sąskaita (m)	[ˈsaːskʌɪta]
depositar na conta	déti į̃ sąskaitą	[ˈdʲeːtʲɪ iː ˈsaːskʌɪtaː]
levantar (vt)	im̃ti iš sąskaitos	[ˈɪmtʲɪ ɪʃ ˈsaːskʌɪtos]
cartão (m) de crédito	kreditìnė kortelė̃ (m)	[krʲɛˈdʲɪtʲɪnʲe: korˈtʲælʲeː]
dinheiro (m) vivo	gryníeji pinigaĩ (v)	[grʲiːˈnʲiɛjɪ pʲɪnʲɪˈgʌɪ]
cheque (m)	čẽkis (v)	[ˈtʂʲɛkʲɪs]
passar um cheque	išrašýti čẽkį	[ɪʃraˈʃiːtʲɪ ˈtʂʲɛkʲɪː]
livro (m) de cheques	čẽkių knygelė̃ (m)	[ˈtʂʲɛkʲuː knʲiːˈgʲælʲeː]
carteira (f)	piniginė̃ (m)	[pʲɪnʲɪˈgʲɪnʲeː]
porta-moedas (m)	piniginė̃ (m)	[pʲɪnʲɪˈgʲɪnʲeː]
cofre (m)	seĩfas (v)	[ˈsʲɛɪfas]
herdeiro (m)	paveldétojas (v)	[pavelʲˈdʲeːtoːjɛs]
herança (f)	palikìmas (v)	[palʲɪˈkʲɪmas]
fortuna (riqueza)	tur̃tas (v)	[ˈtʊrtas]
arrendamento (m)	núoma (m)	[ˈnʊama]
renda (f) de casa	bùto mókestis (v)	[ˈbʊtɔ ˈmokʲɛstʲɪs]
alugar (vt)	núomotis	[ˈnʊamotʲɪs]
preço (m)	káina (m)	[ˈkʌɪna]
custo (m)	káina (m)	[ˈkʌɪna]
soma (f)	sumà (m)	[sʊˈma]

gastar (vt)	léisti	['lʲɛɪstʲɪ]
gastos (m pl)	sąnaudos (m dgs)	['saːnɑʊdos]
economizar (vi)	taupýti	[tɑʊ'pʲiːtʲɪ]
económico	taupùs	[tɑʊ'pʊs]
pagar (vt)	mokéti	[mo'kʲeːtʲɪ]
pagamento (m)	apmokéjimas (v)	[apmo'kʲɛjɪmas]
troco (m)	grąžà (m)	[graː'ʒa]
imposto (m)	mókestis (v)	['mokʲɛstʲɪs]
multa (f)	baudà (m)	[bɑʊ'da]
multar (vt)	baũsti	['bɑʊstʲɪ]

42. Correios. Serviço postal

correios (m pl)	pãštas (v)	['paːʃtas]
correio (m)	pãštas (v)	['paːʃtas]
carteiro (m)	pãštininkas (v)	['paːʃtɪnʲɪŋkas]
horário (m)	dárbo valandõs (m dgs)	['darbɔ valʲanˈdoːs]
carta (f)	láiškas (v)	['lʲʌɪʃkas]
carta (f) registada	užsakýtas láiškas (v)	[ʊʒsaˈkʲiːtas 'lʲʌɪʃkas]
postal (m)	atvirùtė (m)	[atvʲɪ'rʊtʲeː]
telegrama (m)	telegramà (m)	[tʲɛlʲɛgra'ma]
encomenda (f) postal	siuntinỹs (v)	[sʲʊntʲɪ'nʲiːs]
remessa (f) de dinheiro	piniginis pavedìmas (v)	[pʲɪnʲɪ'gʲɪnʲɪs pavʲɛ'dʲɪmas]
receber (vt)	gáuti	['gɑʊtʲɪ]
enviar (vt)	išsiųsti	[ɪʃ'sʲuːstʲɪ]
envio (m)	išsiuntìmas (v)	[ɪʃsʲʊn'tʲɪmas]
endereço (m)	ãdresas (v)	['aːdrʲɛsas]
código (m) postal	iñdeksas (v)	['ɪndʲɛksas]
remetente (m)	siuntéjas (v)	[sʲʊn'tʲeːjas]
destinatário (m)	gavéjas (v)	[ga'vʲeːjas]
nome (m)	vañdas (v)	['vardas]
apelido (m)	pavardė̃ (m)	[pavar'dʲeː]
tarifa (f)	tarìfas (v)	[ta'rʲɪfas]
ordinário	į̃prastas	['iːprastas]
económico	taupùs	[tɑʊ'pʊs]
peso (m)	svõris (v)	['svoːrʲɪs]
pesar (estabelecer o peso)	svérti	['svʲɛrtʲɪ]
envelope (m)	võkas (v)	['vo:kas]
selo (m)	markùtė (m)	[mar'kʊtʲeː]

43. Banca

banco (m)	bánkas (v)	['baŋkas]
sucursal, balcão (f)	skỹrius (v)	['skʲiːrʲʊs]

| consultor (m) | konsultántas (v) | [kɔnsʊlⁱ'tantas] |
| gerente (m) | valdýtojas (v) | [valⁱ'dʲi:to:jɛs] |

conta (f)	sąskaita (m)	['sa:skʌɪta]
número (m) da conta	sąskaitos numeris (v)	['sa:skʌɪtos 'nʊmⁱɛrⁱɪs]
conta (f) corrente	einamoji sąskaita (m)	[ɛɪna'mo:jɪ 'sa:skʌɪta]
conta (f) poupança	kaupiamoji sąskaita (m)	[kɑʊpⁱæ'mo:jɪ 'sa:skʌɪta]

abrir uma conta	atidarýti sąskaitą	[atⁱɪda'rʲi:tⁱɪ 'sa:skʌɪta:]
fechar uma conta	uždarýti sąskaitą	[ʊʒda'rʲi:tⁱɪ 'sa:skʌɪta:]
depositar na conta	padéti į sąskaitą	[pa'dʲe:tⁱɪ i: 'sa:skʌɪta:]
levantar (vt)	paimti iš sąskaitos	['pʌɪmtⁱɪ ɪʃ 'sa:skʌɪtos]

depósito (m)	indėlis (v)	['ɪndʲe:lⁱɪs]
fazer um depósito	įnešti indėlį	[i:'nⁱɛʃtⁱɪ 'indʲe:lⁱɪ:]
transferência (f) bancária	pavedimas (v)	[pavⁱɛ'dⁱɪmas]
transferir (vt)	atlikti pavedimą	[at'lⁱɪktⁱɪ pavⁱɛ'dⁱɪma:]

| soma (f) | suma (m) | [sʊ'ma] |
| Quanto? | Kíek? | ['kⁱiɛk?] |

| assinatura (f) | parašas (v) | ['pa:raʃas] |
| assinar (vt) | pasirašýti | [pasⁱɪra'ʃⁱɪ:tⁱɪ] |

cartão (m) de crédito	kreditinė kortelė (m)	[krⁱɛ'dⁱɪtⁱɪnⁱe: kor'tⁱælⁱe:]
código (m)	kodas (v)	['kodas]
número (m) do cartão de crédito	kreditinės kortelės numeris (v)	[krⁱɛ'dⁱɪtⁱɪnⁱe:s kor'tⁱælⁱe:s 'nʊmerⁱɪs]
Caixa Multibanco (m)	bankomãtas (v)	[baŋko'ma:tas]

cheque (m)	kvitas (v)	['kvⁱɪtas]
passar um cheque	išrašýti kvitą	[ɪʃra'ʃⁱɪ:tⁱɪ 'kvⁱɪta:]
livro (m) de cheques	čekių knygelė (m)	['tʂⁱɛkⁱu: knⁱi:'gⁱælⁱe:]

empréstimo (m)	kreditas (v)	[krⁱɛ'dⁱɪtas]
pedir um empréstimo	kreiptis dėl kredito	['krⁱɛɪptⁱɪs dⁱe:lⁱ krⁱɛ'dⁱɪtɔ]
obter um empréstimo	imti kreditą	['ɪmtⁱɪ krⁱɛ'dⁱɪta:]
conceder um empréstimo	suteikti kreditą	[sʊ'tⁱɛɪktⁱɪ krⁱɛ'dⁱɪta:]
garantia (f)	garántija (m)	[ga'rantⁱɪjɛ]

44. Telefone. Conversação telefónica

telefone (m)	telefonas (v)	[tⁱɛlⁱɛ'fonas]
telemóvel (m)	mobilusis telefonas (v)	[mobⁱɪ'lʊsⁱɪs tⁱɛlⁱɛ'fonas]
secretária (f) electrónica	autoatsakiklis (v)	[ɑʊtoatsa'kⁱɪklⁱɪs]

| fazer uma chamada | skambinti | ['skambⁱɪntⁱɪ] |
| chamada (f) | skambutis (v) | [skam'bʊtⁱɪs] |

marcar um número	surinkti numerį	[sʊ'rⁱɪŋktⁱɪ 'nʊmⁱɛrⁱɪ:]
Alô!	Alio!	[a'lⁱⁱo!]
perguntar (vt)	paklausti	[pak'lⁱɑʊstⁱɪ]
responder (vt)	atsakýti	[atsa'kⁱi:tⁱɪ]
ouvir (vt)	girdéti	[gⁱɪr'dʲe:tⁱɪ]

bem	gerai	[gʲɛ'rʌɪ]
mal	prastai	[pras'tʌɪ]
ruído (m)	trukdžiai (v dgs)	[trʊk'dʒʲɛɪ]

auscultador (m)	ragelis (v)	[ra'gʲælʲɪs]
pegar o telefone	pakelti ragelį	[pa'kʲɛlʲtʲɪ ra'gʲælʲɪ:]
desligar (vi)	padeti ragelį	[pa'dʲe:tʲɪ ra'gʲælʲɪ:]

ocupado	užimtas	['ʊʒʲɪmtas]
tocar (vi)	skambeti	[skam'bʲe:tʲɪ]
lista (f) telefónica	telefonų knyga (m)	[tʲɛlʲɛ'fonu: knʲiː'ga]

local	vietinis	['vʲiɛtʲɪnʲɪs]
chamada (f) local	vietinis skambutis (v)	['vʲiɛtʲɪnʲɪs skam'bʊtʲɪs]
de longa distância	tarpmiestinis	[tarpmʲiɛs'tʲɪnʲɪs]
chamada (f) de longa distância	tarpmiestinis skambutis (v)	[tarpmʲiɛs'tʲɪnʲɪs skam'bʊtʲɪs]
internacional	tarptautinis	[tarptɑʊ'tʲɪnʲɪs]
chamada (f) internacional	tarptautinis skambutis (v)	[tarptɑʊ'tʲɪnʲɪs skam'bʊtʲɪs]

45. Telefone móvel

telemóvel (m)	mobilusis telefonas (v)	[mobʲɪ'lʊsʲɪs tʲɛlʲɛ'fonas]
ecrã (m)	ekranas (v)	[ɛk'ra:nas]
botão (m)	mygtukas (v)	[mʲi:k'tʊkas]
cartão SIM (m)	SIM-kortelė (m)	[sʲɪm-kor'tʲælʲe:]

bateria (f)	akumuliatorius (v)	[akʊmʊ'lʲætorʲʊs]
descarregar-se	išsikrauti	[ɪʃsʲɪ'krɑʊtʲɪ]
carregador (m)	įkroviklis (v)	[i:kro'vʲɪ:klʲɪs]

menu (m)	valgiaraštis (v)	[valʲʲgʲæraʃtʲɪs]
definições (f pl)	nustatymai (v dgs)	[nʊ'sta:tʲi:mʌɪ]
melodia (f)	melodija (m)	[mʲɛ'lʲodʲɪjɛ]
escolher (vt)	pasirinkti	[pasʲɪ'rʲɪŋktʲɪ]

calculadora (f)	skaičiuotuvas (v)	[skʌɪtʃʲʊo'tʊvas]
correio (m) de voz	balso paštas (v)	['balʲsɔ 'pa:ʃtas]
despertador (m)	žadintuvas (v)	[ʒadʲɪn'tʊvas]
contatos (m pl)	telefonų knyga (m)	[tʲɛlʲɛ'fonu: knʲi:'ga]

| mensagem (f) de texto | SMS žinutė (m) | [ɛsɛ'mɛs ʒʲɪnʊtʲe:] |
| assinante (m) | abonentas (v) | [abo'nʲɛntas] |

46. Estacionário

| caneta (f) | automātinis šratinukas (v) | [ɑʊto'ma:tʲɪnʲɪs ʃratʲɪ'nʊkas] |
| caneta (f) tinteiro | plunksnakotis (v) | [plʲʊŋk'sna:kotʲɪs] |

lápis (m)	pieštukas (v)	[pʲiɛʃ'tukas]
marcador (m)	žymeklis (v)	[ʒʲi:'mʲæklʲɪs]
caneta (f) de feltro	flomasteris (v)	[flʲo'ma:stʲɛrʲɪs]

bloco (m) de notas	**bloknòtas** (v)	[blʲokˈnotas]
agenda (f)	**dienóraštis** (v)	[dʲiɛˈnoraʃtʲɪs]
régua (f)	**liniuõtė** (m)	[lʲɪˈnʲʊoːtʲe:]
calculadora (f)	**skaičiuotùvas** (v)	[skʌɪtʂʲʊoˈtʊvas]
borracha (f)	**trintùkas** (v)	[trʲɪnˈtʊkas]
pionés (m)	**smeigtùkas** (v)	[smʲɛɪkˈtʊkas]
clipe (m)	**sąvaržẽlė** (m)	[sa:varˈʒʲe:lʲe:]
cola (f)	**klijaĩ** (v dgs)	[klʲɪˈjʌɪ]
agrafador (m)	**segìklis** (v)	[sʲɛˈgʲɪklʲɪs]
furador (m)	**skylãmušis** (v)	[skʲiːˈlʲa:muʃɪs]
afia-lápis (m)	**drožtùkas** (v)	[droʒˈtʊkas]

47. Línguas estrangeiras

língua (f)	**kalbà** (m)	[kalʲˈba]
estrangeiro	**ùžsienio**	[ˈʊʒsʲiɛnʲɔ]
língua (f) estrangeira	**ùžsienio kalbà** (m)	[ˈʊʒsʲiɛnʲɔ kalʲba]
estudar (vt)	**studijúoti**	[stʊdʲɪˈjʊatʲɪ]
aprender (vt)	**mókytis**	[ˈmokʲiːtʲɪs]
ler (vt)	**skaitýti**	[skʌɪˈtʲiːtʲɪ]
falar (vi)	**kalbéti**	[kalʲˈbʲe:tʲɪ]
compreender (vt)	**supràsti**	[sʊpˈrastʲɪ]
escrever (vt)	**rašýti**	[raˈʃɪːtʲɪ]
rapidamente	**greĩtai**	[ˈgrʲɛɪtʌɪ]
devagar	**lė́taĩ**	[lʲe:ˈtʌɪ]
fluentemente	**laisvaĩ**	[lʲʌɪsˈvʌɪ]
regras (f pl)	**taisỹklės** (m dgs)	[tʌɪˈsʲiːklʲe:s]
gramática (f)	**gramãtika** (m)	[graˈma:tʲɪka]
vocabulário (m)	**lèksika** (m)	[ˈlʲɛksʲɪka]
fonética (f)	**fonètika** (m)	[foˈnʲɛtʲɪka]
manual (m) escolar	**vadovė̃lis** (v)	[vadoˈvʲe:lʲɪs]
dicionário (m)	**žodýnas** (v)	[ʒoˈdʲi:nas]
manual (m) de autoaprendizagem	**savìmokos vadovė̃lis** (v)	[saˈvʲɪmokos vadoˈvʲe:lʲɪs]
guia (m) de conversação	**pasikalbė́jimų knygẽlė** (m)	[pasʲɪkalʲˈbʲɛjɪmu: knʲiːˈgʲælʲe:]
cassete (f)	**kasètė** (m)	[kaˈsʲɛtʲe:]
vídeo cassete (m)	**vaizdãjuostė** (m)	[vʌɪzˈda:jʊastʲe:]
CD (m)	**kompãktinis dìskas** (v)	[kɔmˈpa:ktʲɪnʲɪs ˈdʲɪskas]
DVD (m)	**DVD dìskas** (v)	[dʲɪvʲɪˈdʲɪ dʲɪsˈkas]
alfabeto (m)	**abėcė̃lė** (m)	[abʲe:ˈtsʲe:lʲe:]
soletrar (vt)	**sakýti paraidžiuĩ**	[saˈkʲiːtʲɪ parʌɪˈdʒʲʊɪ]
pronúncia (f)	**tarìmas** (v)	[taˈrʲɪmas]
sotaque (m)	**akceñtas** (v)	[akˈtsʲɛntas]
com sotaque	**sù akcentù**	[ˈsʊ aktsʲɛnˈtʊ]
sem sotaque	**bè akceñto**	[ˈbʲɛ akˈtsʲɛntɔ]

| palavra (f) | žõdis (v) | [ˈʒoːdʲɪs] |
| sentido (m) | prasmě (m) | [prasˈmʲeː] |

cursos (m pl)	kùrsai (v dgs)	[ˈkʊrsʌɪ]
inscrever-se (vr)	užsirašýti	[ʊʒsʲɪraˈʃɪːtʲɪ]
professor (m)	děstytojas (v)	[ˈdʲeːstʲiːtoːjɛs]

tradução (processo)	vertìmas (v)	[vʲɛrˈtʲɪmas]
tradução (texto)	vertìmas (v)	[vʲɛrˈtʲɪmas]
tradutor (m)	vertéjas (v)	[vʲɛrˈtʲeːjas]
intérprete (m)	vertéjas (v)	[vʲɛrˈtʲeːjas]

| poliglota (m) | poliglòtas (v) | [polʲɪˈglotas] |
| memória (f) | atmintìs (m) | [atmʲɪnˈtʲɪs] |

REFEIÇÕES. RESTAURANTE

48. Por a mesa

colher (f)	šáukštas (v)	['ʃɑʊkʃtas]
faca (f)	peĩlis (v)	['pʲɛɪlʲɪs]
garfo (m)	šakùtė (m)	[ʃa'kʊtʲe:]
chávena (f)	puodùkas (v)	[pʊɑ'dʊkas]
prato (m)	lėkště (m)	[lʲe:kʃ'tʲe:]
pires (m)	lėkštėlė (m)	[lʲe:kʃ'tʲælʲe:]
guardanapo (m)	servetėlė (m)	[sʲɛrve'tʲe:lʲe:]
palito (m)	dantų krapštùkas (v)	[dan'tu: krapʃ'tʊkas]

49. Restaurante

restaurante (m)	restorãnas (v)	[rʲɛsto'ra:nas]
café (m)	kavìnė (m)	[ka'vʲɪnʲe:]
bar (m), cervejaria (f)	bãras (v)	['ba:ras]
salão (m) de chá	arbãtos salònas (v)	[ar'ba:tos sa'lʲonas]
empregado (m) de mesa	padavéjas (v)	[pada'vʲe:jas]
empregada (f) de mesa	padavéja (m)	[pada'vʲe:ja]
barman (m)	bármenas (v)	['barmʲɛnas]
ementa (f)	meniù (v)	[mʲɛ'nʲʊ]
lista (f) de vinhos	vỹnų žemélapis (v)	['vʲi:nu: ʒe'mʲe:lʲapʲɪs]
reservar uma mesa	rezervúoti staliùką	[rʲɛzʲɛr'vʊatʲɪ sta'lʲʊka:]
prato (m)	pãtiekalas (v)	['pa:tʲɪɛkalʲas]
pedir (vt)	užsisakýti	[ʊʒsʲɪsakʲɪtʲɪ]
fazer o pedido	padarýti užsãkymą	[pada'rʲi:tʲɪ ʊʒ'sa:kʲi:ma:]
aperitivo (m)	aperitỹvas (v)	[apʲɛrʲɪ'tʲi:vas]
entrada (f)	ùžkandis (v)	['ʊʒkandʲɪs]
sobremesa (f)	desèrtas (v)	[dʲɛ'sʲɛrtas]
conta (f)	sąskaita (m)	['sa:skʌɪta]
pagar a conta	apmokéti sąskaitą	[apmo'kʲe:tʲɪ 'sa:skʌɪta:]
dar o troco	dúoti gražõs	['dʊatʲɪ gra:'ʒo:s]
gorjeta (f)	arbãtpinigiai (v dgs)	[ar'ba:tpʲɪnʲɪgʲɛɪ]

50. Refeições

comida (f)	valgis (v)	['valʲgʲɪs]
comer (vt)	valgyti	['valʲgʲi:tʲɪ]

pequeno-almoço (m)	pùsryčiai (v dgs)	['pʊsrʲi:tʂʲɛɪ]
tomar o pequeno-almoço	pùsryčiauti	['pʊsrʲi:tʂʲɛʊtʲɪ]
almoço (m)	piėtūs (v)	['pʲɛ'tu:s]
almoçar (vi)	pietáuti	[pʲiɛ'tɑʊtʲɪ]
jantar (m)	vakariėnė (m)	[vaka'rʲɛnʲe:]
jantar (vi)	vakarieniáuti	[vakarʲiɛ'nʲæʊtʲɪ]

| apetite (m) | apetìtas (v) | [apʲɛ'tʲɪtas] |
| Bom apetite! | Gēro apetìto! | ['gʲærɔ apʲɛ'tʲɪtɔ!] |

abrir (~ uma lata, etc.)	atidarýti	[atʲɪda'rʲi:tʲɪ]
derramar (vt)	išpìlti	[ɪʃ'pʲɪlʲtʲɪ]
derramar-se (vr)	išsipìlti	[ɪʃsʲɪ'pʲɪlʲtʲɪ]

ferver (vi)	vìrti	['vʲɪrtʲɪ]
ferver (vt)	vìrinti	['vʲɪrʲɪntʲɪ]
fervido	vìrintas	['vʲɪrʲɪntas]
arrefecer (vt)	atvėsìnti	[atvʲe:'sʲɪntʲɪ]
arrefecer-se (vr)	vėsìnti	[vʲe:'sʲɪntʲɪ]

| sabor, gosto (m) | skõnis (v) | ['sko:nʲɪs] |
| gostinho (m) | príeskonis (v) | ['prʲiɛskonʲɪs] |

fazer dieta	laikýti diētos	[lʲʌɪ'kʲi:tʲɪ 'dʲɛtos]
dieta (f)	dietà (m)	[dʲiɛ'ta]
vitamina (f)	vitamìnas (v)	[vʲɪta'mʲɪnas]
caloria (f)	kalòrija (m)	[ka'lʲorʲɪjɛ]
vegetariano (m)	vegetãras (v)	[vʲɛgʲɛ'ta:ras]
vegetariano	vegetãriškas	[vʲɛgʲɛ'ta:rʲʃkas]

gorduras (f pl)	riebalaì (v dgs)	[rʲiɛba'lʲʌɪ]
proteínas (f pl)	baltymaì (v dgs)	[balʲtʲi:'mʌɪ]
carboidratos (m pl)	angliãvandeniai (v dgs)	[an'glʲævandʲɛnʲɛɪ]
fatia (~ de limão, etc.)	griežinỹs (v)	[grʲiɛʒʲɪ'nʲi:s]
pedaço (~ de bolo)	gãbalas (v)	['ga:balʲas]
migalha (f)	trupinỹs (v)	[trʊpʲɪ'nʲi:s]

51. Pratos cozinhados

prato (m)	pãtiekalas (v)	['pa:tʲiɛkalʲas]
cozinha (~ portuguesa)	virtùvė (m)	[vʲɪr'tʊvʲe:]
receita (f)	recèptas (v)	[rʲɛ'tsʲɛptas]
porção (f)	pòrcija (m)	['portsʲɪjɛ]

| salada (f) | salõtos (m) | [sa'lʲo:tos] |
| sopa (f) | sriubà (m) | [srʲʊ'ba] |

caldo (m)	sultinỹs (v)	[sʊlʲtʲɪ'nʲi:s]
sandes (f)	sumuštìnis (v)	[sʊmʊʃtʲɪnʲɪs]
ovos (m pl) estrelados	kiaušiniėnė (m)	[kʲɛʊʃʲɪ'nʲɛnʲe:]

hambúrguer (m)	mėsaìnis (v)	[mʲe:'sʌɪnʲɪs]
bife (m)	bifštèksas (v)	[bʲɪfʃtʲɛksas]
conduto (m)	garnỹras (v)	[gar'nʲi:ras]

espaguete (m)	spagečiai (v dgs)	[spa'gʲɛtʂʲɛɪ]
puré (m) de batata	bulvių košė (m)	['buⁱvʲu: 'ko:ʃe:]
pizza (f)	pica (m)	[pʲɪ'tsa]
papa (f)	košė (m)	['ko:ʃe:]
omelete (f)	omletas (v)	[om'lʲɛtas]

cozido em água	virtas	['vʲɪrtas]
fumado	rūkýtas	[ru:'kʲi:tas]
frito	keptas	['kʲæptas]
seco	džiovintas	[dʒʲo'vʲɪntas]
congelado	šáldytas	['ʃalʲdʲi:tas]
em conserva	marinúotas	[marʲɪ'nuɑtas]

doce (açucarado)	saldus	[salʲ'dʊs]
salgado	sūrus	[su:'rʊs]
frio	šáltas	['ʃalʲtas]
quente	kárštas	['karʃtas]
amargo	kartus	[kar'tʊs]
gostoso	skanus	[ska'nʊs]

cozinhar (em água a ferver)	virti	['vʲɪrtʲɪ]
fazer, preparar (vt)	gaminti	[ga'mʲɪntʲɪ]
fritar (vt)	kepti	['kʲɛptʲɪ]
aquecer (vt)	pašildyti	[pa'ʃɪlʲdʲi:tʲɪ]

salgar (vt)	sūdyti	['su:dʲi:tʲɪ]
apimentar (vt)	įberti pipirų	[i:'bʲɛrtʲɪ pʲɪ'pʲɪ:ru:]
ralar (vt)	tarkúoti	[tar'kuɑtʲɪ]
casca (f)	lúoba (m)	['lʲuɑba]
descascar (vt)	lupti bulves	['lʊptʲɪ 'bulʲvʲɛs]

52. Comida

carne (f)	mėsa (m)	[mʲe:'sa]
galinha (f)	višta (m)	[vʲɪʃ'ta]
frango (m)	viščiukas (v)	[vʲɪʃ'tʂʲukas]
pato (m)	antis (m)	['antʲɪs]
ganso (m)	žąsinas (v)	['ʒa:sʲɪnas]
caça (f)	žvėríena (m)	[ʒvʲe:'rʲɪɛna]
peru (m)	kalakutíena (m)	[kalʲakʊ'tʲɪɛna]

carne (f) de porco	kiaulíena (m)	[kʲɛʊ'lʲɪɛna]
carne (f) de vitela	veršíena (m)	[vʲɛr'ʃʲɪɛna]
carne (f) de carneiro	avíena (m)	[a'vʲɪɛna]
carne (f) de vaca	jáutiena (m)	['jɑʊtʲɪɛna]
carne (f) de coelho	triušis (v)	['trʲuʃɪs]

chouriço, salsichão (m)	dešra (m)	[dʲɛʃra]
salsicha (f)	dešrelė (m)	[dʲɛʃrʲælʲe:]
bacon (m)	bekonas (v)	[bʲɛ'konas]
fiambre (f)	kumpis (v)	['kʊmpʲɪs]
presunto (m)	kumpis (v)	['kʊmpʲɪs]
patê (m)	paštetas (v)	[paʃ'tʲɛtas]
fígado (m)	kepenys (m dgs)	[kʲɛpe'nʲi:s]

carne (f) moída	fáršas (v)	['farʃas]
língua (f)	liežùvis (v)	[lʲiɛ'ʒuvʲɪs]
ovo (m)	kiaušìnis (v)	[kʲɛu'ʃɪnʲɪs]
ovos (m pl)	kiaušìniai (v dgs)	[kʲɛu'ʃɪnʲɛɪ]
clara (f) do ovo	báltymas (v)	['balʲtʲi:mas]
gema (f) do ovo	trynỹs (v)	[trʲi:'nʲi:s]
peixe (m)	žuvìs (m)	[ʒu'vʲɪs]
mariscos (m pl)	jū̃ros gérybės (m dgs)	['ju:ros gʲe:'rʲi:bʲe:s]
crustáceos (m pl)	vėžiãgyviai (v dgs)	[vʲe:'ʒʲægʲi:vʲɛɪ]
caviar (m)	ìkrai (v dgs)	['ɪkrʌɪ]
caranguejo (m)	krãbas (v)	['kra:bas]
camarão (m)	krevetė̀ (m)	[krʲɛ'vʲɛtʲe:]
ostra (f)	áustrė (m)	['austrʲe:]
lagosta (f)	langùstas (v)	[lʲan'gustas]
polvo (m)	aštuonkõjis (v)	[aʃtuaŋ'ko:jis]
lula (f)	kalmãras (v)	[kalʲma:ras]
esturjão (m)	eršketíena (m)	[ɛrʃkʲɛ'tʲiɛna]
salmão (m)	lašišà (m)	[lʲaʃɪ'ʃa]
halibute (m)	õtas (v)	['o:tas]
bacalhau (m)	ménkė (m)	['mʲɛŋkʲe:]
cavala, sarda (f)	skumbrė̀ (m)	['skumbrʲe:]
atum (m)	tùnas (v)	['tunas]
enguia (f)	ungurỹs (v)	[ungu'rʲi:s]
truta (f)	upétakis (v)	[u'pʲe:takʲɪs]
sardinha (f)	sardìnė (m)	[sar'dʲɪnʲe:]
lúcio (m)	lydekà (m)	[lʲi:dʲɛ'ka]
arenque (m)	sìlkė (m)	['sʲɪlʲkʲe:]
pão (m)	dúona (m)	['duana]
queijo (m)	sū̃ris (v)	['su:rʲɪs]
açúcar (m)	cùkrus (v)	['tsukrus]
sal (m)	druskà (m)	[drus'ka]
arroz (m)	rỹžiai (v)	['rʲi:ʒʲɛɪ]
massas (f pl)	makarõnai (v dgs)	[maka'ro:nʌɪ]
talharim (m)	lãkštiniai (v dgs)	['lʲa:kʃtʲɪnʲɛɪ]
manteiga (f)	svíestas (v)	['svʲiɛstas]
óleo (m) vegetal	augalìnis aliẽjus (v)	[augalʲɪnʲɪs a'lʲɛjus]
óleo (m) de girassol	saulégrąžų aliẽjus (v)	[sau'lʲe:gra:ʒu: a'lʲɛjus]
margarina (f)	margarìnas (v)	[marga'rʲɪnas]
azeitonas (f pl)	alỹvuogės (m dgs)	[a'lʲi:vuagʲe:s]
azeite (m)	alỹvuogių aliẽjus (v)	[a'lʲi:vuagʲu: a'lʲɛjus]
leite (m)	píenas (v)	['pʲiɛnas]
leite (m) condensado	sutírštintas píenas (v)	[su'tʲɪrʃtʲɪntas 'pʲiɛnas]
iogurte (m)	jogùrtas (v)	[jo'gurtas]
nata (f) azeda	grietìnė (m)	[grʲiɛ'tʲɪnʲe:]
nata (f) do leite	grietinė̃lė (m)	[grʲiɛtʲɪ'nʲe:lʲe:]

maionese (f)	majonezas (v)	[majo'nʲɛzas]
creme (m)	krẽmas (v)	['krʲɛmas]

grãos (m pl) de cereais	kruõpos (m dgs)	['kruɑpos]
farinha (f)	mìltai (v dgs)	['mʲɪlʲtʌɪ]
enlatados (m pl)	konsèrvai (v dgs)	[kɔn'sʲɛrvʌɪ]

flocos (m pl) de milho	kukurū̃zų drìbsniai (v dgs)	[kʊkʊ'ru:zu: 'drʲɪbsnʲɛɪ]
mel (m)	medùs (v)	[mʲɛ'dʊs]
doce (m)	džèmas (v)	['dʒʲɛmas]
pastilha (f) elástica	kram̃tomoji gumà (m)	[kramto'mojɪ gʊ'ma]

53. Bebidas

água (f)	vanduõ (v)	[van'dʊɑ]
água (f) potável	gẽriamas vanduõ (v)	['gʲærʲæmas van'dʊɑ]
água (f) mineral	minerãlinis vanduõ (v)	[mʲɪnʲɛ'ra:lʲɪnʲɪs van'dʊɑ]

sem gás	bè gãzo	['bʲɛ 'ga:zɔ]
gaseificada	gazúotas	[ga'zʊɑtas]
com gás	gazúotas	[ga'zʊɑtas]
gelo (m)	lẽdas (v)	['lʲædas]
com gelo	sù ledaìs	['sʊ lʲɛ'dʌɪs]

sem álcool	nealkohòlonis	[nʲɛalʲko'ɣolonʲɪs]
bebida (f) sem álcool	nealkohòlonis gérimas (v)	[nʲɛalʲko'ɣolonʲɪs 'gʲe:rʲɪmas]
refresco (m)	gaivùsis gérimas (v)	[gʌɪ'vʊsʲɪs 'gʲe:rʲɪmas]
limonada (f)	limonãdas (v)	[lʲɪmo'na:das]

bebidas (f pl) alcoólicas	alkohòliniai gérimai (v dgs)	[alʲko'ɣolʲɪnʲɛɪ 'gʲe:rʲɪmʌɪ]
vinho (m)	vỹnas (v)	['vʲi:nas]
vinho (m) branco	báltas vỹnas (v)	['balʲtas 'vʲi:nas]
vinho (m) tinto	raudónas vỹnas (v)	[rɑʊ'donas 'vʲi:nas]

licor (m)	lìkeris (v)	['lʲɪkʲɛrʲɪs]
champanhe (m)	šampãnas (v)	[ʃam'pa:nas]
vermute (m)	vèrmutas (v)	['vʲɛrmutas]

uísque (m)	vìskis (v)	['vʲɪskʲɪs]
vodka (f)	degtìnė (m)	[dʲɛk'tʲɪnʲe:]
gim (m)	džìnas (v)	['dʒʲɪnas]
conhaque (m)	konjãkas (v)	[kɔn'ja:kas]
rum (m)	ròmas (v)	['romas]

café (m)	kavà (m)	[ka'va]
café (m) puro	juodà kavà (m)	[jʊɑ'da ka'va]
café (m) com leite	kavà sù píenu (m)	[ka'va 'sʊ 'pʲiɛnʊ]
cappuccino (m)	kapučìno kavà (m)	[kapu'tʂɪnɔ ka'va]
café (m) solúvel	tirpì kavà (m)	[tʲɪr'pʲɪ ka'va]

leite (m)	píenas (v)	['pʲiɛnas]
coquetel (m)	kokteĩlis (v)	[kɔk'tʲɛɪlʲɪs]
batido (m) de leite	píeniškas kokteĩlis (v)	['pʲiɛnʲɪʃkas kok'tʲɛɪlʲɪs]
sumo (m)	sùltys (m dgs)	['sʊlʲtʲi:s]

sumo (m) de tomate	pomidórų sultys (m dgs)	[pomʲɪ'doru: 'sulʲtʲi:s]
sumo (m) de laranja	apelsinų sultys (m dgs)	[apʲɛlʲsʲɪnu: 'sulʲtʲi:s]
sumo (m) fresco	šviežiai spáustos sultys (m dgs)	[ʃvʲɛ'ʒʲɛɪ 'spaustos 'sulʲtʲi:s]

cerveja (f)	alus (v)	[a'lʲus]
cerveja (f) clara	šviesus alus (v)	[ʃvʲɛ'sus a'lʲus]
cerveja (f) preta	tamsus alus (v)	[tam'sus a'lʲus]

chá (m)	arbatà (m)	[arba'ta]
chá (m) preto	juodà arbatà (m)	[jua'da arba'ta]
chá (m) verde	žalià arbatà (m)	[ʒa'lʲæ arba'ta]

54. Vegetais

legumes (m pl)	daržóvės (m dgs)	[dar'ʒovʲe:s]
verduras (f pl)	žalumýnai (v)	[ʒalʲu'mʲi:nʌɪ]

tomate (m)	pomidóras (v)	[pomʲɪ'doras]
pepino (m)	agurkas (v)	[a'gurkas]
cenoura (f)	morkà (m)	[mor'ka]
batata (f)	bulvė (m)	['bulʲvʲe:]
cebola (f)	svogūnas (v)	[svo'gu:nas]
alho (m)	česnākas (v)	[tʃʲɛs'na:kas]

couve (f)	kopūstas (v)	[kɔ'pu:stas]
couve-flor (f)	kalafióras (v)	[kalʲa'fʲoras]
couve-de-bruxelas (f)	briuselio kopūstas (v)	['brʲusʲɛlʲɔ ko'pu:stas]
brócolos (m pl)	brokolių kopūstas (v)	['brokolʲu: ko'pu:stas]

beterraba (f)	runkelis, burõkas (v)	['rʊŋkʲɛlʲɪs], [bu'ro:kas]
beringela (f)	baklažanas (v)	[baklʲa'ʒa:nas]
curgete (f)	agurõtis (v)	[agu'ro:tʲɪs]

abóbora (f)	rópė (m)	['ropʲe:]
nabo (m)	moliūgas (v)	[mo'lʲu:gas]

salsa (f)	petrãžolė (m)	[pʲɛ'tra:ʒolʲe:]
funcho, endro (m)	krãpas (v)	['kra:pas]
alface (f)	salõta (m)	[sa'lʲo:ta]
aipo (m)	saliēras (v)	[sa'lʲɛras]

espargo (m)	smidras (v)	['smʲɪdras]
espinafre (m)	špinãtas (v)	[ʃpʲɪ'na:tas]

ervilha (f)	žirniai (v dgs)	['ʒʲɪrnʲɛɪ]
fava (f)	pupos (m dgs)	['pupos]

milho (m)	kukurūzas (v)	[kuku'ru:zas]
feijão (m)	pupelės (m dgs)	[pu'pælʲe:s]

pimentão (m)	pipìras (v)	[pʲɪ'pʲɪras]
rabanete (m)	ridìkas (v)	[rʲɪ'dʲɪkas]
alcachofra (f)	artišòkas (v)	[artʲɪ'ʃokas]

55. Frutos. Nozes

fruta (f)	vaĩsius (v)	['vʌɪsʲʊs]
maçã (f)	obuolỹs (v)	[obʊɑ'lʲi:s]
pera (f)	kriáušė (m)	['krʲæʊʃe:]
limão (m)	citrinà (m)	[tsʲɪtrʲɪ'na]
laranja (f)	apelsìnas (v)	[apʲɛlʲ'sʲɪnas]
morango (m)	brãškė (m)	['bra:ʃkʲe:]
tangerina (f)	mandarìnas (v)	[manda'rʲɪnas]
ameixa (f)	slyvà (m)	[slʲi:'va]
pêssego (m)	pèrsikas (v)	['pʲɛrsʲɪkas]
damasco (m)	abrikòsas (v)	[abrʲɪ'kosas]
framboesa (f)	aviẽtė (m)	[a'vʲɛtʲe:]
ananás (m)	ananãsas (v)	[ana'na:sas]
banana (f)	banãnas (v)	[ba'na:nas]
melancia (f)	arbūzas (v)	[ar'bu:zas]
uva (f)	vỹnuogės (m dgs)	['vʲi:nʊɑgʲe:s]
ginja (f)	vyšnia (m)	[vʲi:ʃnʲæ]
cereja (f)	trẽšnė (m)	['trʲæʃnʲe:]
meloa (f)	meliònas (v)	[mʲɛ'lʲonas]
toranja (f)	greĩpfrutas (v)	['grʲɛɪpfrʊtas]
abacate (m)	avokàdas (v)	[avo'kadas]
papaia (f)	papája (m)	[pa'pa ja]
manga (f)	màngo (v)	['mangɔ]
romã (f)	granãtas (v)	[gra'na:tas]
groselha (f) vermelha	raudoníeji serbeñtai (v dgs)	[raʊdo'nʲɛji sʲɛr'bʲɛntʌɪ]
groselha (f) preta	juodíeji serbeñtai (v dgs)	[jʊɑ'dʲɛjɪ sʲɛr'bʲɛntʌɪ]
groselha (f) espinhosa	agrãstas (v)	[ag'ra:stas]
mirtilo (m)	mėlỹnės (m dgs)	[mʲe:'lʲi:nʲe:s]
amora silvestre (f)	gérvuogės (m dgs)	['gʲɛrvʊɑgʲe:s]
uvas (f pl) passas	razìnos (m dgs)	[ra'zʲɪnos]
figo (m)	figà (m)	[fʲɪ'ga]
tâmara (f)	datùlė (m)	[da'tʊlʲe:]
amendoim (m)	žẽmės riešutaĩ (v)	['ʒʲæmʲe:s rʲiɛʃʊ'tʌɪ]
amêndoa (f)	migdõlas (v)	[mʲɪg'do:lʲas]
noz (f)	graĩkinis ríešutas (v)	['grʌɪkʲɪnʲɪs 'rʲiɛʃutas]
avelã (f)	ríešutas (v)	['rʲiɛʃutas]
coco (m)	kòkoso ríešutas (v)	['kokosɔ 'rʲiɛʃutas]
pistáchios (m pl)	pistãcijos (m dgs)	[pʲɪs'ta:tsʲɪjɔs]

56. Pão. Bolaria

pastelaria (f)	konditèrijos gaminiaĩ (v)	[kɔndʲɪ'tʲɛrʲɪjɔs gamʲɪ'nʲɛɪ]
pão (m)	dúona (m)	['dʊɑna]
bolacha (f)	sausaĩniai (v)	[saʊ'sʌɪnʲɛɪ]
chocolate (m)	šokolãdas (v)	[ʃoko'lʲa:das]
de chocolate	šokolãdinis	[ʃoko'lʲa:dʲɪnʲɪs]

rebuçado (m)	saldaĩnis (v)	[salʲˈdʌʲɪnʲɪs]
bolo (cupcake, etc.)	pyragáitis (v)	[pʲiːraˈgʌɪtʲɪs]
bolo (m) de aniversário	tórtas (v)	[ˈtortas]

| tarte (~ de maçã) | pyrãgas (v) | [pʲiːˈraːgas] |
| recheio (m) | įdaras (v) | [ˈiːdaras] |

doce (m)	uogiẽnė (m)	[ʊɑˈgʲɛnʲeː]
geleia (f) de frutas	marmelãdas (v)	[marmʲɛˈlʲaːdas]
waffle (m)	vãfliai (v dgs)	[ˈvaːflʲɛɪ]
gelado (m)	ledaĩ (v dgs)	[lʲɛˈdʌɪ]
pudim (m)	pùdingas (v)	[ˈpʊdʲɪngas]

57. Especiarias

sal (m)	druskà (m)	[drʊsˈka]
salgado	sūrùs	[suːˈrʊs]
salgar (vt)	sū́dyti	[ˈsuːdʲiːtʲɪ]

pimenta (f) preta	juodíeji pipìrai (v)	[jʊɑˈdʲiɛjɪ pʲɪˈpʲɪrʌɪ]
pimenta (f) vermelha	raudoníeji pipìrai (v)	[rɑʊdoˈnʲiɛjɪ pʲɪˈpʲɪrʌɪ]
mostarda (f)	garstýčios (v)	[garˈstʲiːtʂʲos]
raiz-forte (f)	krienaĩ (v dgs)	[krʲiɛˈnʌɪ]

condimento (m)	príeskonis (v)	[ˈprʲiɛskonʲɪs]
especiaria (f)	príeskonis (v)	[ˈprʲiɛskonʲɪs]
molho (m)	pãdažas (v)	[ˈpaːdaʒas]
vinagre (m)	ãctas (v)	[ˈaːtstas]

anis (m)	anýžius (v)	[aˈnʲiːʒʲʊs]
manjericão (m)	bazìlikas (v)	[baˈzʲɪlʲɪkas]
cravo (m)	gvazdìkas (v)	[gvazˈdʲɪkas]
gengibre (m)	im̃bieras (v)	[ˈɪmbʲiɛras]
coentro (m)	kaléndra (m)	[kaˈlʲɛndra]
canela (f)	cinamònas (v)	[tsʲɪnaˈmonas]

sésamo (m)	sezãmas (v)	[sʲɛˈzaːmas]
folhas (f pl) de louro	láuro lãpas (v)	[ˈlʲɑʊrɔ ˈlʲaːpas]
páprica (f)	pãprika (m)	[ˈpaːprʲɪka]
cominho (m)	kmỹnai (v)	[ˈkmʲiːnʌɪ]
açafrão (m)	šafrãnas (v)	[ʃafˈraːnas]

INFORMAÇÃO PESSOAL. FAMÍLIA

58. Informação pessoal. Formulários

nome (m)	var̃das (v)	['vardas]
apelido (m)	pavardě (m)	[pavar'dʲe:]
data (f) de nascimento	gimìmo datà (m)	[gʲɪ'mʲɪmɔ da'ta]
local (m) de nascimento	gimìmo vietà (m)	[gʲɪ'mʲɪmɔ vʲiɛ'ta]
nacionalidade (f)	tautýbė (m)	[tɑʊ'tʲi:bʲe:]
lugar (m) de residência	gyvẽnamoji vietà (m)	[gʲi:vʲæna'mojɪ vʲiɛ'ta]
país (m)	šalìs (m)	[ʃa'lʲɪs]
profissão (f)	profèsija (m)	[profʲɛsʲɪjɛ]
sexo (m)	lýtis (m)	['lʲi:tʲɪs]
estatura (f)	ũgis (v)	['u:gʲɪs]
peso (m)	svõris (v)	['svo:rʲɪs]

59. Membros da família. Parentes

mãe (f)	mótina (m)	['motʲɪna]
pai (m)	tévas (v)	['tʲe:vas]
filho (m)	sūnùs (v)	[su:'nʊs]
filha (f)	dukrà, duktě (m)	[dʊk'ra], [dʊk'tʲe:]
filha (f) mais nova	jaunesnióji duktě (m)	[jɛʊnes'nʲo:jɪ dʊk'tʲe:]
filho (m) mais novo	jaunesnỹsis sūnùs (v)	[jɛʊnʲɛs'nʲi:sʲɪs su:'nʊs]
filha (f) mais velha	vyresnióji duktě (m)	[vʲi:res'nʲo:jɪ dʊk'tʲe:]
filho (m) mais velho	vyresnỹsis sūnùs (v)	[vʲi:rʲɛs'nʲi:sʲɪs su:'nʊs]
irmão (m)	brólis (v)	['brolʲɪs]
irmão (m) mais velho	vyresnỹsis brólis (v)	[vʲi:rʲɛs'nʲi:sʲɪs 'brolʲɪs]
irmão (m) mais novo	jaunesnỹsis brólis (v)	[jɛʊnʲɛs'nʲi:sʲɪs 'brolʲɪs]
irmã (f)	sesuõ (m)	[sʲɛ'sʊɑ]
irmã (f) mais velha	vyresnióji sesuõ (m)	[vʲi:rʲɛs'nʲo:jɪ sʲɛ'sʊɑ]
irmã (f) mais nova	jaunesnióji sesuõ (m)	[jɛʊnʲɛs'nʲo:jɪ sʲɛ'sʊɑ]
primo (m)	pùsbrolis (v)	['pʊsbrolʲɪs]
prima (f)	pùsseserė (m)	['pʊsseserʲe:]
mamã (f)	mamà (m)	[ma'ma]
papá (m)	tė̃tis (v)	['tʲe:tʲɪs]
pais (pl)	tėvaì (v)	[tʲe:'vʌɪ]
criança (f)	vaĩkas (v)	['vʌɪkas]
crianças (f pl)	vaikaì (v)	[vʌɪ'kʌɪ]
avó (f)	senēlė (m)	[sʲɛ'nʲælʲe:]
avô (m)	senēlis (v)	[sʲɛ'nʲælʲɪs]
neto (m)	anũkas (v)	[a'nu:kas]

neta (f)	anū̃kė (m)	[a'nu:kⁱe:]
netos (pl)	anū̃kai (v)	[a'nu:kʌɪ]

tio (m)	dėdė (v)	['dⁱe:dⁱe:]
tia (f)	tetà (m)	[tⁱɛ'ta]
sobrinho (m)	sūnénas (v)	[su:'nⁱe:nas]
sobrinha (f)	dukteréčia (m)	[dʊkte'rⁱe:tʂⁱæ]

sogra (f)	úošvė (m)	['ʊaʃvⁱe:]
sogro (m)	úošvis (v)	['ʊaʃvⁱɪs]
genro (m)	žéntas (v)	['ʒⁱɛntas]
madrasta (f)	pãmotė (m)	['pa:motⁱe:]
padrasto (m)	patévis (v)	[pa'tⁱe:vⁱɪs]

criança (f) de colo	kū̃dikis (v)	['ku:dⁱɪkⁱɪs]
bebé (m)	naujãgimis (v)	[nɑʊ'ja:gⁱɪmⁱɪs]
menino (m)	vaĩkas (v)	['vʌɪkas]

mulher (f)	žmonà (m)	[ʒmo'na]
marido (m)	výras (v)	['vⁱi:ras]
esposo (m)	sutuoktìnis (v)	[sʊtʊak'tⁱɪnⁱɪs]
esposa (f)	sutuoktìnė (m)	[sʊtʊak'tⁱɪnⁱe:]

casado	vẽdęs	['vⁱædⁱɛ:s]
casada	ištekéjusi	[ɪʃtⁱɛ'kⁱe:jʊsⁱɪ]
solteiro	vienguñgis	[vⁱɛŋ'gʊŋgⁱɪs]
solteirão (m)	vienguñgis (v)	[vⁱɛŋ'gʊŋgⁱɪs]
divorciado	išsiskýręs	[ɪʃsⁱɪ'skⁱi:rⁱɛ:s]
viúva (f)	našlė̃ (m)	[naʃlⁱe:]
viúvo (m)	našlỹs (v)	[naʃlⁱi:s]

parente (m)	gimináitis (v)	[gⁱɪmⁱɪ'nʌɪtⁱɪs]
parente (m) próximo	ártimas gimináitis (v)	['artⁱɪmas gⁱɪmⁱɪ'nʌɪtⁱɪs]
parente (m) distante	tólimas gimináitis (v)	['tolⁱɪmas gⁱɪmⁱɪ'nʌɪtⁱɪs]
parentes (m pl)	gìminės (m dgs)	['gⁱɪmⁱɪnⁱe:s]

órfão (m), órfã (f)	našláitis (v)	[naʃlⁱʌɪtⁱɪs]
tutor (m)	globéjas (v)	[glⁱo'bⁱe:jas]
adotar (um filho)	įsū̃nyti	[i:'su:nⁱɪ:tⁱɪ]
adotar (uma filha)	įdùkrinti	[i:'dʊkrⁱɪntⁱɪ]

60. Amigos. Colegas de trabalho

amigo (m)	draũgas (v)	['drɑʊgas]
amiga (f)	draugė̃ (m)	[drɑʊ'gⁱe:]
amizade (f)	draugỹstė (m)	[drɑʊ'gⁱi:stⁱe:]
ser amigos	draugáuti	[drɑʊ'gɑʊtⁱɪ]

amigo (m)	pažį́stamas (v)	[pa'ʒⁱi:stamas]
amiga (f)	pažįstamà (m)	[paʒⁱi:sta'ma]
parceiro (m)	pártneris (v)	['partnⁱɛrⁱɪs]

chefe (m)	šèfas (v)	['ʃɛfas]
superior (m)	vĩršininkas (v)	['vⁱɪrʃɪnⁱɪŋkas]

proprietário (m)	**savininkas** (v)	[savʲɪ'nʲɪŋkas]
subordinado (m)	**pavaldinỹs** (v)	[pavalʲdʲɪ'nʲiː:s]
colega (m)	**kolegà** (v)	[kɔlʲɛ'ga]
conhecido (m)	**pažį́stamas** (v)	[pa'ʒʲɪ:stamas]
companheiro (m) de viagem	**pakeleĩvis** (v)	[pakʲɛ'lʲɛɪvʲɪs]
colega (m) de classe	**klasiõkas** (v)	[klʲa'sʲo:kas]
vizinho (m)	**kaimýnas** (v)	[kʌɪ'mʲi:nas]
vizinha (f)	**kaimýnė** (m)	[kʌɪ'mʲi:nʲe:]
vizinhos (pl)	**kaimýnai** (v)	[kʌɪ'mʲi:nʌɪ]

CORPO HUMANO. MEDICINA

61. Cabeça

cabeça (f)	galvà (m)	[galʲ'va]
cara (f)	véidas (v)	['vʲɛɪdas]
nariz (m)	nósis (m)	['nosʲɪs]
boca (f)	burnà (m)	[bʊr'na]
olho (m)	akìs (m)	[a'kʲɪs]
olhos (m pl)	ãkys (m dgs)	['a:kʲi:s]
pupila (f)	vyzdỹs (v)	[vʲi:z'dʲi:s]
sobrancelha (f)	añtakis (v)	['antakʲɪs]
pestana (f)	blakstíena (m)	[blʲak'stʲiɛna]
pálpebra (f)	võkas (v)	['vo:kas]
língua (f)	liežùvis (v)	[lʲiɛ'ʒʊvʲɪs]
dente (m)	dantìs (v)	[dan'tʲɪs]
lábios (m pl)	lũpos (m dgs)	['lʲu:pos]
maçãs (f pl) do rosto	skruostìkauliai (v dgs)	[skrʊɑ'stʲɪkɑʊlʲɛɪ]
gengiva (f)	dantenõs (m dgs)	[dantʲɛ'no:s]
palato (m)	gomurỹs (v)	[gomʊ'rʲi:s]
narinas (f pl)	šnérvės (m dgs)	['ʃnʲærvʲe:s]
queixo (m)	smãkras (v)	['sma:kras]
mandíbula (f)	žandìkaulis (v)	[ʒan'dʲɪkɑʊlʲɪs]
bochecha (f)	skrúostas (v)	['skrʊastas]
testa (f)	kaktà (m)	[kak'ta]
têmpora (f)	smilkinỹs (v)	[smʲɪlʲkʲɪr'nʲi:s]
orelha (f)	ausìs (m)	[ɑʊ'sʲɪs]
nuca (f)	pakáušis, sprándas (v)	[pa'kɑʊʃɪs], ['sprandas]
pescoço (m)	kãklas (v)	['ka:klʲas]
garganta (f)	gerklẽ (m)	[gʲɛrk'lʲe:]
cabelos (m pl)	plaukaì (v dgs)	[plʲɑʊ'kʌɪ]
penteado (m)	šukúosena (m)	[ʃʊ'kʊasʲɛna]
corte (m) de cabelo	kirpìmas (v)	[kʲɪr'pʲɪmas]
peruca (f)	perùkas (v)	[pʲɛ'rʊkas]
bigode (m)	ũsai (v dgs)	['u:sʌɪ]
barba (f)	barzdà (m)	[barz'da]
usar, ter (~ barba, etc.)	nešióti	[nʲɛ'ʃotʲɪ]
trança (f)	kasà (m)	[ka'sa]
suíças (f pl)	žándenos (m dgs)	['ʒandʲɛnos]
ruivo	rùdis	['rʊdʲɪs]
grisalho	žìlas	['ʒʲɪlʲas]
calvo	plìkas	['plʲɪkas]
calva (f)	plìkė (m)	['plʲɪkʲe:]

rabo-de-cavalo (m)	**uodega** (m)	[ʊadʲɛ'ga]
franja (f)	**kírpčiai** (v dgs)	['kʲɪrptʂʲɛɪ]

62. Corpo humano

mão (f)	**plāštaka** (m)	['plʲaːʃtaka]
braço (m)	**rankà** (m)	[raŋ'ka]
dedo (m)	**pírštas** (v)	['pʲɪrʃtas]
polegar (m)	**nykštỹs** (v)	[nʲiːkʃ'tʲiːs]
dedo (m) mindinho	**mažàsis pírštas** (v)	[ma'ʒasʲɪs 'pʲɪrʃtas]
unha (f)	**nāgas** (v)	['naːgas]
punho (m)	**kùmštis** (v)	['kʊmʃtʲɪs]
palma (f) da mão	**délnas** (v)	['dʲɛlʲnas]
pulso (m)	**ríešas** (v)	['rʲiɛʃas]
antebraço (m)	**dìlbis** (v)	['dʲɪlʲbʲɪs]
cotovelo (m)	**alkū́nė** (m)	[alʲ"kuːnʲeː]
ombro (m)	**petìs** (v)	[pʲɛ'tʲɪs]
perna (f)	**kója** (m)	['koja]
pé (m)	**pėdà** (m)	[pʲeː'da]
joelho (m)	**kēlias** (v)	['kʲælʲæs]
barriga (f) da perna	**blauzdà** (m)	[blʲaʊz'da]
anca (f)	**šlaunìs** (m)	[ʃlʲaʊ'nʲɪs]
calcanhar (m)	**kuĺnas** (v)	['kʊlʲnas]
corpo (m)	**kū́nas** (v)	['kuːnas]
barriga (f)	**pílvas** (v)	['pʲɪlʲvas]
peito (m)	**krūtìnė** (m)	[kruː'tʲɪnʲeː]
seio (m)	**krūtìs** (m)	[kruː'tʲɪs]
lado (m)	**šónas** (v)	['ʃonas]
costas (f pl)	**nùgara** (m)	['nʊgara]
região (f) lombar	**juosmuõ** (v)	[jʊas'mʊa]
cintura (f)	**liemuõ** (v)	[lʲiɛ'mʊa]
umbigo (m)	**bámba** (m)	['bamba]
nádegas (f pl)	**sédmenys** (v dgs)	['sʲeːdmenʲiːs]
traseiro (m)	**pasturgalis, ùžpakalis** (v)	[pas'tʊrgalʲɪs], ['ʊʒpakalʲɪs]
sinal (m)	**ãpgamas** (v)	['aːpgamas]
sinal (m) de nascença	**ãpgamas** (v)	['aːpgamas]
tatuagem (f)	**tatuiruõtė** (m)	[tatʊi'rʊatʲeː]
cicatriz (f)	**rándas** (v)	['randas]

63. Doenças

doença (f)	**ligà** (m)	[lʲɪ'ga]
estar doente	**sírgti**	['sʲɪrktʲɪ]
saúde (f)	**sveikatà** (m)	[svʲɛɪka'ta]
nariz (m) a escorrer	**slogà** (m)	[slʲo'ga]
amigdalite (f)	**anginà** (m)	[angʲɪ'na]

constipação (f)	péršalimas (v)	['pʲɛrʃalʲɪmas]
constipar-se (vr)	péršalti	['pʲɛrʃalʲtʲɪ]
bronquite (f)	bronchìtas (v)	[bron'xʲɪtas]
pneumonia (f)	plaŭčių uždegìmas (v)	['plʲɑʊtɕʲu: ʊʒdʲɛ'gʲɪmas]
gripe (f)	grìpas (v)	['grʲɪpas]
míope	trumparégis	[trʊmpa'rʲægʲɪs]
presbita	toliarégis	[tolʲæ'rʲægʲɪs]
estrabismo (m)	žvairùmas (v)	[ʒvʌɪ'rʊmas]
estrábico	žvaìras	['ʒvʌɪras]
catarata (f)	kataraktà (m)	[katarak'ta]
glaucoma (m)	glaukomà (m)	[glʲɑʊko'ma]
AVC (m), apoplexia (f)	insùltas (v)	[ɪn'sʊlʲtas]
ataque (m) cardíaco	infárktas (v)	[ɪn'farktas]
enfarte (m) do miocárdio	miokárda infárktas (v)	[mʲɪjo'karda in'farktas]
paralisia (f)	paralýžius (v)	[para'lʲi:ʒʲʊs]
paralisar (vt)	paraližúoti	[paralʲɪ'ʒʊatʲɪ]
alergia (f)	alèrgija (m)	[a'lʲɛrgʲɪjɛ]
asma (f)	astmà (m)	[ast'ma]
diabetes (f)	diabètas (v)	[dʲɪja'bʲɛtas]
dor (f) de dentes	dantų skaũsmas (v)	[dan'tu: 'skɑʊsmas]
cárie (f)	kãriesas (v)	['ka:rʲiɛsas]
diarreia (f)	diaréja (m)	[dʲɪjarʲe:ja]
prisão (f) de ventre	vidurių užkietéjimas (v)	[vʲɪdʊ'rʲu: ʊʒkʲiɛ'tʲɛjɪmas]
desarranjo (m) intestinal	skrañdžio sutrikìmas (v)	['skrandʒʲɔ sʊtrʲɪ'kʲɪmas]
intoxicação (f) alimentar	apsinuõdijimas (v)	[apsʲɪ'nʊadʲɪjimas]
intoxicar-se	apsinuõdyti	[apsʲɪ'nʊadʲɪ:tʲɪ]
artrite (f)	artrìtas (v)	[art'rʲɪtas]
raquitismo (m)	rachìtas (v)	[ra'xʲɪtas]
reumatismo (m)	reumatìzmas (v)	[rʲɛuma'tʲɪzmas]
arteriosclerose (f)	aterosklerozé (m)	[aterosklʲɛ'rozʲe:]
gastrite (f)	gastrìtas (v)	[gas'trʲɪtas]
apendicite (f)	apendicìtas (v)	[apʲɛndʲɪ'tsʲɪtas]
colecistite (f)	cholecistìtas (v)	[xolʲɛtsʲɪs'tʲɪtas]
úlcera (f)	opà (m)	[o'pa]
sarampo (m)	tymaĩ (v)	[tʲi:'mʌɪ]
rubéola (f)	raudoniùké (m)	[rɑʊdo'nʲʊkʲe:]
iterícia (f)	geltà (m)	[gʲɛlʲ'ta]
hepatite (f)	hepatìtas (v)	[ɣʲɛpa'tʲɪtas]
esquizofrenia (f)	šizofrènija (m)	[ʃɪzo'frʲɛnʲɪjɛ]
raiva (f)	pasiutligé (m)	[pa'sʲʊtlʲɪgʲe:]
neurose (f)	neurozé (m)	[nʲɛʊ'rozʲe:]
comoção (f) cerebral	smegenų sutrenkìmas (v)	[smʲɛgʲɛ'nu: sʊtrʲɛn'kʲɪmas]
cancro (m)	vėžỹs (v)	[vʲe:'ʒʲi:s]
esclerose (f)	sklerozé (m)	[sklʲɛ'rozʲe:]
esclerose (f) múltipla	išsétinė sklerozé (m)	[ɪʃsʲe:'tʲɪnʲe: sklʲɛ'rozʲe:]

alcoolismo (m)	alkoholizmas (v)	[alˈkoɣoˈlʲɪzmas]
alcoólico (m)	alokoholikas (v)	[aloko'ɣolʲɪkas]
sífilis (f)	sifilis (v)	['sʲɪfʲɪlʲɪs]
SIDA (f)	ŽIV (v)	['ʒʲɪv]

tumor (m)	auglỹs (v)	[aʊg'lʲi:s]
febre (f)	karštligė (m)	['karʃtlʲɪgʲe:]
malária (f)	maliārija (m)	[ma'lʲærʲɪjɛ]
gangrena (f)	gangrenà (m)	[gangrʲɛ'na]
enjoo (m)	jū́ros ligà (m)	['ju:ros lʲɪ'ga]
epilepsia (f)	epilepsija (m)	[ɛpʲɪ'lʲɛpsʲɪjɛ]

epidemia (f)	epidemija (m)	[ɛpʲɪ'dʲɛmʲɪjɛ]
tifo (m)	šíltinė (m)	['ʃɪlʲtʲɪnʲe:]
tuberculose (f)	tuberkuliozė (m)	[tʊberkʊ'lʲozʲe:]
cólera (f)	cholera (m)	['xolʲɛra]
peste (f)	māras (v)	['ma:ras]

64. Sintomas. Tratamentos. Parte 1

sintoma (m)	simptòmas (v)	[sʲɪmp'tomas]
temperatura (f)	temperatūrà (m)	[tʲɛmpʲɛratu:'ra]
febre (f)	aukštà temperatūrà (m)	[aʊkʃ'ta tʲɛmpʲɛratu:'ra]
pulso (m)	pùlsas (v)	['pʊlʲsas]

vertigem (f)	galvõs svaigìmas (v)	[galʲ'vo:s svʌɪ'gʲɪmas]
quente (testa, etc.)	ká́rštas	['karʃtas]
calafrio (m)	drebulỹs (v)	[drʲɛbʊ'lʲi:s]
pálido	išbālęs	[ɪʃ'ba:lʲɛ:s]

tosse (f)	kosulỹs (v)	[kɔsʊ'lʲi:s]
tossir (vi)	kósėti	['kosʲe:tʲɪ]
espirrar (vi)	čiáudėti	['tsʲæʊdʲe:tʲɪ]
desmaio (m)	nualpimas (v)	[nʊ'alʲpʲɪmas]
desmaiar (vi)	nualpti	[nʊ'alʲptʲɪ]

nódoa (f) negra	mėlỹnė (m)	[mʲe:'lʲi:nʲe:]
galo (m)	gùzas (v)	['gʊzas]
magoar-se (vr)	atsitreñkti	[atsʲɪ'trʲɛŋktʲɪ]
pisadura (f)	sumušìmas (v)	[sʊmʊ'ʃɪmas]
aleijar-se (vr)	susimùšti	[sʊsʲɪ'mʊʃtʲɪ]

coxear (vi)	šlubúoti	[ʃlʲʊ'bʊatʲɪ]
deslocação (f)	išnirìmas (v)	[ɪʃnʲɪ'rʲɪmas]
deslocar (vt)	išnarìnti	[ɪʃna'rʲɪntʲɪ]
fratura (f)	lū́žis (v)	['lʲu:ʒʲɪs]
fraturar (vt)	susiláužyti	[sʊsʲɪ'lʲaʊʒʲi:tʲɪ]

corte (m)	įpjovìmas (v)	[i:pjo'vʲɪ:mas]
cortar-se (vr)	įsipjáuti	[i:sʲɪ'pjaʊtʲɪ]
hemorragia (f)	kraujãvimas (v)	[kraʊ'ja:vʲɪmas]

queimadura (f)	nudegìmas (v)	[nʊdʲɛ'gʲɪmas]
queimar-se (vr)	nusidėginti	[nʊsʲɪ'dʲægʲɪntʲɪ]

picar (vt)	įdùrti	[i:'dʊrtⁱɪ]
picar-se (vr)	įsidùrti	[i:sⁱɪ'dʊrtⁱɪ]
lesionar (vt)	susižalóti	[sʊsⁱɪʒa'lⁱotⁱɪ]
lesão (m)	sužalójimas (v)	[sʊʒa'lⁱo:jɪmas]
ferida (f), ferimento (m)	žaizdà (m)	[ʒʌɪz'da]
trauma (m)	tráuma (m)	['traʊma]

delirar (vi)	sapalióti	[sapa'lⁱotⁱɪ]
gaguejar (vi)	mikčióti	[mⁱɪk'tʂⁱotⁱɪ]
insolação (f)	sáulės smūgis (v)	['saʊlⁱe:s 'smu:gⁱɪs]

65. Sintomas. Tratamentos. Parte 2

| dor (f) | skaūsmas (v) | ['skaʊsmas] |
| farpa (no dedo) | rakštìs (m) | [rakʃtⁱɪs] |

suor (m)	prākaitas (v)	['pra:kʌɪtas]
suar (vi)	prakaitúoti	[prakʌɪ'tʊatⁱɪ]
vómito (m)	pȳkinimas (v)	['pⁱi:kⁱɪnⁱɪmas]
convulsões (f pl)	traukùliai (v)	[traʊ'kʊlⁱɛɪ]

grávida	néščia	[nⁱe:ʃtʂⁱæ]
nascer (vi)	gìmti	['gⁱɪmtⁱɪ]
parto (m)	gim̃dymas (v)	['gⁱɪmdⁱi:mas]
dar à luz	gimdýti	[gⁱɪm'dⁱi:tⁱɪ]
aborto (m)	abòrtas (v)	[a'bortas]

respiração (f)	kvépāvimas (v)	[kvⁱe:'pa:vⁱɪmas]
inspiração (f)	įkvépis (v)	['i:kvⁱe:pⁱɪs]
expiração (f)	iškvėpìmas (v)	[ɪʃkvⁱe:'pⁱɪmas]
expirar (vi)	iškvėpti	[ɪʃ'kvⁱe:ptⁱɪ]
inspirar (vi)	įkvėpti	[i:k'vⁱe:ptⁱɪ]
inválido (m)	invalìdas (v)	[ɪnva'lⁱɪdas]
aleijado (m)	luošȳs (v)	[lⁱʊa'ʃɪ:s]
toxicodependente (m)	narkomãnas (v)	[narko'ma:nas]

surdo	kuřčias	['kʊrtʂⁱæs]
mudo	nebylȳs	[nⁱɛbⁱi:'lⁱi:s]
surdo-mudo	kuřčnebylis	['kʊrtʂnⁱɛbⁱi:lⁱɪs]

louco (adj.)	pamìšęs	[pa'mⁱɪʃɛ:s]
louco (m)	pamìšęs (v)	[pa'mⁱɪʃɛ:s]
louca (f)	pamìšusi (m)	[pa'mⁱɪʃʊsⁱɪ]
ficar louco	išprotéti	[ɪʃpro'tⁱe:tⁱɪ]

gene (m)	gènas (v)	['gⁱɛnas]
imunidade (f)	imunitétas (v)	[ɪmʊnⁱɪ'tⁱɛtas]
hereditário	pavéldimas	[pa'vⁱɛlⁱdⁱɪmas]
congénito	įgimtas	['i:gⁱɪmtas]

vírus (m)	vìrusas (v)	['vⁱɪrʊsas]
micróbio (m)	mikròbas (v)	[mⁱɪk'robas]
bactéria (f)	baktèrija (m)	[bak'tⁱɛrⁱɪjɛ]
infeção (f)	infèkcija (m)	[ɪn'fⁱɛktsⁱɪjɛ]

66. Sintomas. Tratamentos. Parte 3

hospital (m)	ligóninė (m)	[lʲɪ'gonʲɪnʲeː]
paciente (m)	pacieñtas (v)	[pa'tsʲiɛntas]
diagnóstico (m)	diagnòzė (m)	[dʲɪjag'nozʲeː]
cura (f)	gýdymas (v)	['gʲiːdʲiːmas]
tratamento (m) médico	gýdymas (v)	['gʲiːdʲiːmas]
curar-se (vr)	gýdytis	['gʲiːdʲiːtʲɪs]
tratar (vt)	gýdyti	['gʲiːdʲiːtʲɪ]
cuidar (pessoa)	slaugýti	[slʲɑʊ'gʲiːtʲɪ]
cuidados (m pl)	slauga (m)	[slʲɑʊ'ga]
operação (f)	operãcija (m)	[opʲɛ'raːtsʲɪjɛ]
enfaixar (vt)	pérrišti	['pʲɛrrʲɪʃtʲɪ]
enfaixamento (m)	pérrišimas (v)	['pʲɛrrʲɪʃɪmas]
vacinação (f)	skiẽpas (v)	['skʲɛpas]
vacinar (vt)	skiẽpyti	['skʲɛpʲiːtʲɪ]
injeção (f)	įdūrìmas (v)	[iːduːrʲiːmas]
dar uma injeção	suléisti váistus	[sʊ'lʲɛɪstʲɪ 'vʌɪstʊs]
ataque (~ de asma, etc.)	príepuolis (v)	['prʲiɛpʊalʲɪs]
amputação (f)	amputãcija (m)	[ampʊ'taːtsʲɪjɛ]
amputar (vt)	amputúoti	[ampʊ'tʊatʲɪ]
coma (f)	komà (m)	[kɔ'ma]
estar em coma	bũti kõmoje	['buːtʲɪ 'kõmojɛ]
reanimação (f)	reanimãcija (m)	[rʲɛanʲɪ'maːtsʲɪjɛ]
recuperar-se (vr)	sveĩkti ...	['svʲɛɪktʲɪ ...]
estado (~ de saúde)	bũklė	['buːklʲeː]
consciência (f)	sąmonė (m)	['saːmonʲeː]
memória (f)	atmintìs (m)	[atmʲɪn'tʲɪs]
tirar (vt)	šãlinti	['ʃaːlʲɪntʲɪ]
chumbo (m), obturação (f)	plòmba (m)	['plʲomba]
chumbar, obturar (vt)	plombúoti	[plʲom'bʊatʲɪ]
hipnose (f)	hipnòzė (m)	[ɣʲɪp'nozʲeː]
hipnotizar (vt)	hipnotizúoti	[ɣʲɪpnotʲɪ'zʊatʲɪ]

67. Medicina. Drogas. Acessórios

medicamento (m)	váistas (v)	['vʌɪstas]
remédio (m)	príemonė (m)	['prʲiɛmonʲeː]
receitar (vt)	išrašýti	[ɪʃra'ʃɪːtʲɪ]
receita (f)	recèptas (v)	[rʲɛ'tsʲɛptas]
comprimido (m)	tablètė (m)	[tab'lʲɛtʲeː]
pomada (f)	tẽpalas (v)	['tʲæpalʲas]
ampola (f)	ámpulė (m)	['ampʊlʲeː]
preparado (m)	mikstūrà (m)	[mʲɪkstuː'ra]
xarope (m)	sìrupas (v)	['sʲɪrupas]

cápsula (f)	piliùlė (m)	[pʲɪˈlʲʊlʲeː]
remédio (m) em pó	miltèliai (v dgs)	[mʲɪlʲˈtʲælʲɛɪ]
ligadura (f)	bìntas (v)	[ˈbʲɪntas]
algodão (m)	vatà (m)	[vaˈta]
iodo (m)	jòdas (v)	[jɔ das]
penso (m) rápido	pléistras (v)	[ˈplʲɛɪstras]
conta-gotas (m)	pipètė (m)	[pʲɪˈpʲɛtʲeː]
termómetro (m)	termomètras (v)	[tʲɛrmoˈmʲɛtras]
seringa (f)	švìrkštas (v)	[ˈʃvʲɪrkʃtas]
cadeira (f) de rodas	neĩgaliójo vežimĕlis (v)	[nʲɛɪːgaˈlʲʲojɔ vʲɛˈʒʲɪmʲeːlʲɪs]
muletas (f pl)	rameñtai (v dgs)	[raˈmʲɛntʌɪ]
analgésico (m)	skaũsmą malšìnantys vàistai (v dgs)	[ˈskɑʊsma: malʲˈʃɪnantʲiːs ˈvʌɪstʌɪ]
laxante (m)	láisvinantys vàistai (v dgs)	[ˈlʲʌɪsvʲɪnantʲiːs ˈvʌɪstʌɪ]
álcool (m) etílico	spìritas (v)	[ˈspʲɪrʲɪtas]
ervas (f pl) medicinais	žolĕ (m)	[ʒoˈlʲeː]
de ervas (chá ~)	žolìnis	[ʒoˈlʲɪnʲɪs]

APARTAMENTO

68. Apartamento

apartamento (m)	bùtas (v)	['butas]
quarto (m)	kambarỹs (v)	[kamba'rʲi:s]
quarto (m) de dormir	miegamàsis (v)	[mʲiɛga'masʲɪs]
sala (f) de jantar	valgomàsis (v)	[valʲgo'masʲɪs]
sala (f) de estar	svečių̃ kambarỹs (v)	[svʲɛ'tʂʲu: kamba'rʲi:s]
escritório (m)	kabinètas (v)	[kabʲɪ'nʲɛtas]
antessala (f)	príeškambaris (v)	['prʲiɛʃkambarʲɪs]
quarto (m) de banho	voniõs kambarỹs (v)	[vo'nʲo:s kamba'rʲi:s]
toilette (lavabo)	tualètas (v)	[tʊa'lʲɛtas]
teto (m)	lùbos (m dgs)	['lʲubos]
chão, soalho (m)	griñdys (m dgs)	['grʲɪndʲi:s]
canto (m)	kam̃pas (v)	['kampas]

69. Mobiliário. Interior

mobiliário (m)	báldai (v)	['balʲdʌɪ]
mesa (f)	stãlas (v)	['sta:lʲas]
cadeira (f)	kėdė̃ (m)	[kʲe:'dʲe:]
cama (f)	lóva (m)	['lʲova]
divã (m)	sofà (m)	[so'fa]
cadeirão (m)	fòtelis (v)	['fotʲɛlʲɪs]
estante (f)	spìnta (m)	['spʲɪnta]
prateleira (f)	lentýna (m)	[lʲɛn'tʲi:na]
guarda-vestidos (m)	drabùžių spìnta (m)	[dra'buʒʲu: 'spʲɪnta]
cabide (m) de parede	pakabà (m)	[paka'ba]
cabide (m) de pé	kabyklà (m)	[kabʲi:k'lʲa]
cómoda (f)	komodà (m)	[komo'da]
mesinha (f) de centro	žurnãlinis staliùkas (v)	[ʒʊr'na:lʲɪnʲɪs sta'lʲukas]
espelho (m)	véidrodis (v)	['vʲɛɪdrodʲɪs]
tapete (m)	kìlimas (v)	['kʲɪlʲɪmas]
tapete (m) pequeno	kilimẽlis (v)	[kʲɪlʲɪ'mʲe:lʲɪs]
lareira (f)	židinỹs (v)	[ʒʲɪdʲɪ'nʲi:s]
vela (f)	žvãkė (m)	['ʒva:kʲe:]
castiçal (m)	žvakìdė (m)	[ʒva'kʲɪdʲe:]
cortinas (f pl)	užúolaidos (m dgs)	[ʊ'ʒʊalʲʌɪdos]
papel (m) de parede	tapètai (v)	[ta'pʲɛtʌɪ]

estores (f pl)	žaliuzės (m dgs)	['ʒaːlʲʊzʲeːs]
candeeiro (m) de mesa	stalinė lémpa (m)	[staˈlʲɪnʲeː ˈlʲɛmpa]
candeeiro (m) de parede	šviestùvas (v)	[ʃvʲiɛˈstʊvas]
candeeiro (m) de pé	toršèras (v)	[torˈʃɛras]
lustre (m)	sietýnas (v)	[sʲiɛˈtʲiːnas]

pé (de mesa, etc.)	kojýtė (m)	[kɔˈjiːtʲeː]
braço (m)	raṅktūris (v)	[ˈraŋktuːrʲɪs]
costas (f pl)	ãtlošas (v)	[ˈaːtlʲoʃas]
gaveta (f)	stálčius (v)	[ˈstalʲtʂʲʊs]

70. Quarto de dormir

roupa (f) de cama	pãtalynė (m)	[ˈpaːtalʲiːnʲeː]
almofada (f)	pagálvė (m)	[paˈɡalʲvʲeː]
fronha (f)	užvalkalas (v)	[ˈʊʒvalʲkalas]
cobertor (m)	užklótas (v)	[ʊʒˈklʲotas]
lençol (m)	paklõdė (m)	[pakˈlʲoːdʲeː]
colcha (f)	lovãtiesė (m)	[lʲoˈvaːtʲiɛsʲeː]

71. Cozinha

cozinha (f)	virtùvė (m)	[vʲɪrˈtʊvʲeː]
gás (m)	dùjos (m dgs)	[ˈdʊjɔs]
fogão (m) a gás	dùjinė (m)	[ˈdʊjinʲeː]
fogão (m) elétrico	elektrìnė (m)	[ɛlʲɛkˈtrʲɪnʲeː]
forno (m)	órkaitė (m)	[ˈorkʌɪtʲeː]
forno (m) de micro-ondas	mikrobangų krosnėlė (m)	[mʲɪkrobanˈɡuː krosˈnʲælʲeː]

frigorífico (m)	šaldytùvas (v)	[ʃalʲdʲiːˈtʊvas]
congelador (m)	šáldymo kãmera (m)	[ˈʃalʲdʲiːmɔ ˈkaːmɛra]
máquina (f) de lavar louça	iñdų plovìmo mašinà (m)	[ˈɪndu: plʲoˈvʲɪmɔ maʃɪˈna]

moedor (m) de carne	mėsmalė (m)	[ˈmʲeːsmalʲeː]
espremedor (m)	sulčiãspaudė (m)	[sʊlʲˈtʂʲæspɑʊdʲeː]
torradeira (f)	tòsteris (v)	[ˈtostʲɛrʲɪs]
batedeira (f)	mìkseris (v)	[ˈmʲɪksʲɛrʲɪs]

máquina (f) de café	kavõs aparãtas (v)	[kaˈvoːs apaˈraːtas]
cafeteira (f)	kavinùkas (v)	[kavʲɪˈnʊkas]
moinho (m) de café	kavãmalė (m)	[kaˈvaːmalʲeː]

chaleira (f)	arbatinùkas (v)	[arbatʲɪˈnʊkas]
bule (m)	arbãtinis (v)	[arbaːˈtʲɪnʲɪs]
tampa (f)	dangtėlis (v)	[daŋkˈtʲælʲɪs]
coador (m) de chá	sietėlis (v)	[sʲiɛˈtʲælʲɪs]

colher (f)	šáukštas (v)	[ˈʃɑʊkʃtas]
colher (f) de chá	arbãtinis šaukštėlis (v)	[arˈbaːtʲɪnʲɪs ʃɑʊkʃˈtʲælʲɪs]
colher (f) de sopa	válgomasis šáukštas (v)	[ˈvalʲgomasʲɪs ˈʃɑʊkʃtas]
garfo (m)	šakùtė (m)	[ʃaˈkʊtʲeː]
faca (f)	peĩlis (v)	[ˈpʲɛɪlʲɪs]

louça (f)	iñdai (v)	['ɪndʌɪ]
prato (m)	lėkštė (m)	[lʲe:kʃtʲe:]
pires (m)	lėkštelė (m)	[lʲe:kʃtʲælʲe:]

cálice (m)	taurėlė (m)	[tɑʊ'rʲælʲe:]
copo (m)	stiklìnė (m)	[stʲɪk'lʲɪnʲe:]
chávena (f)	puodùkas (v)	[pʊɑ'dʊkas]

açucareiro (m)	cùkrinė (m)	['tsʊkrʲɪnʲe:]
saleiro (m)	drùskinė (m)	['drʊskʲɪnʲe:]
pimenteiro (m)	pipìrinė (m)	[pʲɪ'pʲɪrʲɪnʲe:]
manteigueira (f)	svíestinė (m)	['svʲiɛstʲɪnʲe:]

panela, caçarola (f)	púodas (v)	['pʊɑdas]
frigideira (f)	keptùvė (m)	[kʲɛp'tʊvʲe:]
concha (f)	sámtis (v)	['samtʲɪs]
passador (m)	kiaurãsamtis (v)	[kʲɛʊ'ra:samtʲɪs]
bandeja (f)	padėklas (v)	[pa'dʲe:klʲas]

garrafa (f)	bùtelis (v)	['bʊtʲɛlʲɪs]
boião (m) de vidro	stiklaìnis (v)	[stʲɪk'lʲʌɪnʲɪs]
lata (f)	skardìnė (m)	[skar'dʲɪnʲe:]

abre-garrafas (m)	atidarytùvas (v)	[atʲɪdarʲi:'tʊvas]
abre-latas (m)	konsèrvų atidarytùvas (v)	[kon'sʲɛrvu: atʲɪdarʲi:'tʊvas]
saca-rolhas (m)	kamščiãtraukis (v)	[kamʃtʃʲætrɑʊkʲɪs]
filtro (m)	fìltras (v)	['fʲɪlʲtras]
filtrar (vt)	filtrúoti	[fʲɪlʲ'trʊatʲɪ]

| lixo (m) | šiùkšlės (m dgs) | ['ʃʊkʃlʲe:s] |
| balde (m) do lixo | šiùkšlių kìbiras (v) | ['ʃʊkʃlʲu: 'kʲɪbʲɪras] |

72. Casa de banho

quarto (m) de banho	voniõs kambarỹs (v)	[vo'nʲo:s kamba'rʲi:s]
água (f)	vanduõ (v)	[van'dʊɑ]
torneira (f)	čiáupas (v)	['tʃʲæʊpas]
água (f) quente	kárštas vanduõ (v)	['karʃtas van'dʊɑ]
água (f) fria	šáltas vanduõ (v)	['ʃalʲtas van'dʊɑ]

pasta (f) de dentes	dantų̃ pastà (m)	[dan'tu: pas'ta]
escovar os dentes	valýti dantìs	[va'lʲi:tʲɪ dan'tʲɪs]
escova (f) de dentes	dantų̃ šepetėlis (v)	[dan'tu: ʃepe'tʲe:lʲɪs]

barbear-se (vr)	skùstis	['skʊstʲɪs]
espuma (f) de barbear	skutìmosi pùtos (m dgs)	[skʊ'tʲɪmosʲɪ 'pʊtos]
máquina (f) de barbear	skutìmosi peiliùkas (v)	[skʊ'tʲɪmosʲɪ pʲɛɪ'lʲʊkas]

lavar (vt)	pláuti	['plʲɑʊtʲɪ]
lavar-se (vr)	máudytis, praũstis	['mɑʊdʲi:tʲɪs], ['prɑʊstʲɪs]
duche (m)	dùšas (v)	['dʊʃas]
tomar um duche	praũstis dušè	['prɑʊstʲɪs dʊ'ʃɛ]
banheira (f)	vonià (m)	[vo'nʲæ]
sanita (f)	unitãzas (v)	[ʊn'ɪ'ta:zas]

lavatório (m)	kriauklė (m)	[krʲɛʊkˈlʲeː]
sabonete (m)	muìlas (v)	[ˈmʊɪlʲas]
saboneteira (f)	muìlinė (m)	[ˈmʊɪlʲɪnʲeː]

esponja (f)	kempìnė (m)	[kʲɛmˈpʲɪnʲeː]
champô (m)	šampūnas (v)	[ʃamˈpuːnas]
toalha (f)	rañkšluostis (v)	[ˈraŋkʃlʲʊɑstʲɪs]
roupão (m) de banho	chalãtas (v)	[xaˈlʲaːtas]

lavagem (f)	skalbìmas (v)	[skalʲˈbʲɪmas]
máquina (f) de lavar	skalbìmo mašinà (m)	[skalʲˈbʲɪmɔ maʃɪˈna]
lavar a roupa	skalbti báltinius	[ˈskʌlʲptʲɪ ˈba lʲtʲɪnʲʊs]
detergente (m)	skalbìmo miltēliai (v dgs)	[skalʲˈbʲɪmɔ mʲɪlʲˈtʲælʲɛɪ]

73. Eletrodomésticos

televisor (m)	televìzorius (v)	[tʲɛlʲɛˈvʲɪzorʲʊs]
gravador (m)	magnetofònas (v)	[magnʲɛtoˈfonas]
videogravador (m)	video magnetofònas (v)	[vʲɪdʲɛɔ magnʲɛtoˈfonas]
rádio (m)	imtùvas (v)	[ɪmˈtʊvas]
leitor (m)	grotùvas (v)	[groˈtʊvas]

projetor (m)	video projèktorius (v)	[ˈvʲɪdʲɛɔ proˈjæktorʲʊs]
cinema (m) em casa	namų̃ kìno teãtras (v)	[naˈmu: ˈkʲɪnɔ tʲɛˈa:tras]
leitor (m) de DVD	DVD grotùvas (v)	[dʲɪvʲɪˈdʲɪ groˈtʊvas]
amplificador (m)	stiprintùvas (v)	[stʲɪprʲɪnˈtʊvas]
console (f) de jogos	žaidìmų príedėlis (v)	[ʒʌɪˈdʲɪmu: ˈprʲiɛdʲeːlʲɪs]

câmara (f) de vídeo	videokãmera (m)	[vʲɪdʲɛoˈka:mʲɛra]
máquina (f) fotográfica	fotoaparãtas (v)	[fotoaparaˈtas]
câmara (f) digital	skaitmenìnis	[skʌɪtmʲɛˈnʲɪnʲɪs
	fotoaparãtas (v)	fotoaparaˈtas]

aspirador (m)	dùlkių siurblỹs (v)	[ˈdʊlʲkʲu: sʲʊrˈblʲiːs]
ferro (m) de engomar	lygintùvas (v)	[lʲiːgʲɪnˈtʊvas]
tábua (f) de engomar	lyginimo lentà (m)	[ˈlʲiːgʲɪnʲɪmɔ lʲɛnˈta]

telefone (m)	telefònas (v)	[tʲɛlʲɛˈfonas]
telemóvel (m)	mobilùsis telefònas (v)	[mobʲɪˈlʊsʲɪs tʲɛlʲɛˈfonas]
máquina (f) de escrever	rãšymo mašinēlė (m)	[ˈra:ʃɪmɔ maʃɪˈnʲeːlʲeː]
máquina (f) de costura	siuvìmo mašinà (m)	[sʲʊˈvʲɪmɔ maʃɪˈna]

microfone (m)	mikrofònas (v)	[mʲɪkroˈfonas]
auscultadores (m pl)	ausìnės (m dgs)	[ɑʊˈsʲɪnʲeːs]
controlo remoto (m)	pùltas (v)	[ˈpʊlʲtas]

CD (m)	kompãktinis dìskas (v)	[komˈpa:ktʲɪnʲɪs ˈdʲɪskas]
cassete (f)	kasetė (m)	[kaˈsʲɛtʲeː]
disco (m) de vinil	plokštēlė (m)	[plokʃˈtʲælʲeː]

A TERRA. TEMPO

74. Espaço sideral

cosmos (m)   kòsmosas (v)   ['kosmosas]
cósmico   kòsminis   ['kosmʲɪnʲɪs]
espaço (m) cósmico   kòsminė erdvě (m)   ['kosmʲɪnʲe: ɛrd'vʲe:]

mundo (m)   visatà (m)   [vʲɪsa'ta]
universo (m)   pasáulis (v)   [pa'saʊlʲɪs]
galáxia (f)   galàktika (m)   [ga'lʲa:ktʲɪka]

estrela (f)   žvaigždě (m)   [ʒvʌɪg'ʒdʲe:]
constelação (f)   žvaigždýnas (v)   [ʒvʌɪgʒ'dʲi:nas]

planeta (m)   planetà (m)   [plʲanʲɛ'ta]
satélite (m)   palydõvas (v)   [palʲi:'do:vas]

meteorito (m)   meteorìtas (v)   [mʲɛtʲɛo'rʲɪtas]
cometa (m)   kometà (m)   [kɔmʲɛ'ta]
asteroide (m)   asteròidas (v)   [astʲɛ'rɔɪdas]

órbita (f)   orbità (m)   [orbʲɪ'ta]
girar (vi)   sùktis   ['sʊktʲɪs]
atmosfera (f)   atmosferà (m)   [atmosfʲɛ'ra]

Sol (m)   Sáulė (m)   ['saʊlʲe:]
Sistema (m) Solar   Sáulės sistemà (m)   ['saʊlʲe:s sʲɪste'ma]
eclipse (m) solar   Sáulės užtemìmas (v)   ['saʊlʲe:s ʊʒtʲɛ'mʲɪmas]

Terra (f)   Žěmė (m)   ['ʒʲæmʲe:]
Lua (f)   Měnùlis (v)   [mʲe:'nʊlʲɪs]

Marte (m)   Márcas (v)   ['marsas]
Vénus (f)   Venerà (m)   [vʲɛnʲɛ'ra]
Júpiter (m)   Jupìteris (v)   [jʊ'pʲɪtʲɛrʲɪs]
Saturno (m)   Satùrnas (v)   [sa'tʊrnas]

Mercúrio (m)   Merkùrijus (v)   [mʲɛr'kʊrʲɪjʊs]
Urano (m)   Urãnas (v)   [ʊ'ra:nas]
Neptuno (m)   Neptũnas (v)   [nʲɛp'tu:nas]
Plutão (m)   Plutònas (v)   [plʲʊ'tonas]

Via Láctea (f)   Paũkščių Tãkas (v)   ['paʊkʃtʂʲu: 'ta:kas]
Ursa Maior (f)   Didíeji Grĩžulo Rãtai (v dgs)   [dʲɪ'dʲiɛjɪ 'grʲɪ:ʒulʲɔ 'ra:tʌɪ]
Estrela Polar (f)   Šiaurìnė žvaigždě (m)   [ʃʲɛʊ'rʲɪnʲe: ʒvʌɪg'ʒdʲe:]

marciano (m)   marsiĕtis (v)   [mar'sʲɛtʲɪs]
extraterrestre (m)   ateìvis (v)   [a'tʲɛɪvʲɪs]
alienígena (m)   ateìvis (v)   [a'tʲɛɪvʲɪs]

disco (m) voador	skraĭdanti lėkštė (m)	['skrʌɪdantʲɪ lʲeːkʃtʲeː]
nave (f) espacial	kòsminis laĭvas (v)	['kosmʲɪnʲɪs 'lʲʌɪvas]
estação (f) orbital	orbìtos stotìs (m)	[or'bʲɪtos sto'tʲɪs]
lançamento (m)	stártas (v)	['startas]

motor (m)	varìklis (v)	[va'rʲɪklʲɪs]
bocal (m)	tū̃ta (m)	[tuː'ta]
combustível (m)	kùras (v)	['kʊras]

cabine (f)	kabinà (m)	[kabʲɪ'na]
antena (f)	antenà (m)	[antʲɛ'na]

vigia (f)	iliuminãtorius (v)	[ɪlʲʊmʲɪ'naːtorʲʊs]
bateria (f) solar	sáulės batèrija (m)	['saʊlʲeːs ba'tʲɛrʲɪjɛ]
traje (m) espacial	skafándras (v)	[ska'fandras]

imponderabilidade (f)	nesvarùmas (v)	[nʲɛsva'rumas]
oxigénio (m)	deguõnis (v)	[dʲɛ'gʊɑnʲɪs]

acoplagem (f)	susijungìmas (v)	[sʊsʲɪjʊn'gʲɪmas]
fazer uma acoplagem	susijùngti	[sʊsʲɪ'jʊŋktʲɪ]

observatório (m)	observatòrija (m)	[obsʲɛrva'torʲɪjɛ]
telescópio (m)	teleskòpas (v)	[tʲɛlʲɛ'skopas]

observar (vt)	stebéti	[ste'bʲeːtʲɪ]
explorar (vt)	tyrinéti	[tʲiːrʲɪ'nʲeːtʲɪ]

75. A Terra

Terra (f)	Žẽmė (m)	['ʒʲæmʲeː]
globo terrestre (Terra)	žẽmės rutulỹs (v)	['ʒʲæmʲeːs rʊtʊ'lʲiːs]
planeta (m)	planetà (m)	[plʲanʲɛ'ta]

atmosfera (f)	atmosferà (m)	[atmosfʲɛ'ra]
geografia (f)	geogrãfija (m)	[gʲɛo'graːfʲɪjɛ]
natureza (f)	gamtà (m)	[gam'ta]

globo (mapa esférico)	gaublỹs (v)	[gɑʊb'lʲiːs]
mapa (m)	žemėlapis (v)	[ʒe'mʲeːlʲapʲɪs]
atlas (m)	ãtlasas (v)	['aːtlʲasas]

Europa (f)	Europà (m)	[ɛʊro'pa]
Ásia (f)	ãzija (m)	['aːzʲɪjɛ]

África (f)	ãfrika (m)	['aːfrʲɪka]
Austrália (f)	Austrãlija (m)	[ɑʊs'tra:lʲɪjɛ]

América (f)	Amèrika (m)	[a'mʲɛrʲɪka]
América (f) do Norte	Šiáurės Amèrika (m)	['ʃæʊrʲeːs a'mʲɛrʲɪka]
América (f) do Sul	Pietų̃ Amèrika (m)	[pʲiɛ'tu: a'mʲɛrʲɪka]

Antártida (f)	Antarktidà (m)	[antarktʲɪ'da]
Ártico (m)	Árktika (m)	['arktʲɪka]

76. Pontos cardeais

norte (m)	šiáurė (m)	['ʃæʊrʲeː]
para norte	į šiáurę	[i: 'ʃæʊrʲɛː]
no norte	šiáurėje	['ʃæʊrʲeːje]
do norte	šiaurìnis	[ʃɛʊ'rʲɪnʲɪs]
sul (m)	pietùs (v)	[pʲiɛ'tʊs]
para sul	į pietùs	[i: pʲiɛ'tʊs]
no sul	pietuosè	[pʲiɛtʊɑ'sʲɛ]
do sul	pietìnis	[pʲiɛ'tʲɪnʲɪs]
oeste, ocidente (m)	vakaraĩ (v dgs)	[vaka'rʌɪ]
para oeste	į vākarus	[i: 'va:karʊs]
no oeste	vakaruosè	[vakarʊɑ'sʲɛ]
ocidental	vakariẽtiškas	[vaka'rʲɛtʲɪʃkas]
leste, oriente (m)	rytaĩ (v dgs)	[rʲi:'tʌɪ]
para leste	į rýtus	[i: 'rʲɪ:tʊs]
no leste	rytuosè	[rʲi:tʊɑ'sʲɛ]
oriental	rytiẽtiškas	[rʲi:'tʲɛtʲɪʃkas]

77. Mar. Oceano

mar (m)	jū́ra (m)	['ju:ra]
oceano (m)	vandený́nas (v)	[vandʲɛ'nʲi:nas]
golfo (m)	į́lanka (m)	['i:lʲaŋka]
estreito (m)	są́siauris (v)	['sa:sʲɛʊrʲɪs]
continente (m)	žemý́nas (v)	[ʒʲɛ'mʲi:nas]
ilha (f)	salà (m)	[sa'lʲa]
península (f)	pusiãsalis (v)	[pʊ'sʲæsalʲɪs]
arquipélago (m)	archipelã́gas (v)	[arxʲɪpʲɛ'lʲa:gas]
baía (f)	užùtekis (v)	[ʊʒʊtʲɛkʲɪs]
porto (m)	úostas (v)	['ʊɑstas]
lagoa (f)	lagūnà (m)	[lʲagu:'na]
cabo (m)	iškyšulỹs (v)	[ɪʃkʲi:ʃʊ'lʲi:s]
atol (m)	atólas (v)	[a'tolʲas]
recife (m)	rìfas (v)	['rʲɪfas]
coral (m)	korãlas (v)	[kɔ'ra:lʲas]
recife (m) de coral	korãlų rìfas (v)	[kɔ'ra:lʲu: 'rʲɪfas]
profundo	gilùs	[gʲɪ'lʲʊs]
profundidade (f)	gỹlis (v)	['gʲi:lʲɪs]
abismo (m)	bedugnė̃ (m)	[bʲɛ'dʊgnʲeː]
fossa (f) oceânica	į́duba (m)	['i:dʊba]
corrente (f)	srovė̃ (m)	[sro'vʲeː]
banhar (vt)	skaláuti	[ska'lʲɑʊtʲɪ]
litoral (m)	pajūris (v)	['pajūris]
costa (f)	pakrántė (m)	[pak'rantʲeː]

maré (f) alta	antplūdis (v)	['antplʲu:dʲɪs]
refluxo (m), maré (f) baixa	atóslūgis (v)	[a'toslʲu:gʲɪs]
restinga (f)	atābradas (v)	[a'ta:bradas]
fundo (m)	dùgnas (v)	['dʊgnas]

onda (f)	bangà (m)	[ban'ga]
crista (f) da onda	bangõs keterà (m)	[ban'go:s kʲɛtʲɛ'ra]
espuma (f)	pùtos (m dgs)	['pʊtos]

tempestade (f)	audrà (m)	[ɑʊd'ra]
furacão (m)	uragãnas (v)	[ʊra'ga:nas]
tsunami (m)	cunãmis (v)	[tsʊ'na:mʲɪs]
calmaria (f)	štiliùs (v)	[ʃtʲɪ'lʲʊs]
calmo	ramùs	[ra'mʊs]

| polo (m) | ašìgalis (v) | [a'ʃɪgalʲɪs] |
| polar | poliārinis | [po'lʲær'ɪnʲɪs] |

latitude (f)	platumà (m)	[plʲatʊ'ma]
longitude (f)	ilgumà (m)	[ɪlʲgʊ'ma]
paralela (f)	paralèlė (m)	[para'lʲɛlʲe:]
equador (m)	ekvātorius (v)	[ɛk'va:torʲʊs]

céu (m)	dangùs (v)	[dan'gʊs]
horizonte (m)	horizòntas (v)	[ɣorʲɪ'zontas]
ar (m)	óras (v)	['oras]

farol (m)	švyturỹs (v)	[ʃvʲi:tʊ'rʲi:s]
mergulhar (vi)	nárdyti	['nardʲi:tʲɪ]
afundar-se (vr)	nuskęsti	[nʊ'skʲɛ:stʲɪ]
tesouros (m pl)	lõbis (v)	['lʲo:bʲɪs]

78. Nomes de Mares e Oceanos

Oceano (m) Atlântico	Atlánto vandenýnas (v)	[at'lʲanto vandʲɛ'nʲi:nas]
Oceano (m) Índico	Ìndijos vandenýnas (v)	['ɪndʲɪjos vandʲɛ'nʲi:nas]
Oceano (m) Pacífico	Ramùsis vandenýnas (v)	[ra'mʊsʲɪs vandʲɛ'nʲi:nas]
Oceano (m) Ártico	Árkties vandenýnas (v)	['arktʲɪɛs vandʲɛ'nʲi:nas]

Mar (m) Negro	Juodóji jū́ra (m)	[jʊɑ'do:jɪ 'ju:ra]
Mar (m) Vermelho	Raudonóji jū́ra (m)	[rɑʊdo'no:jɪ 'ju:ra]
Mar (m) Amarelo	Geltonóji jū́ra (m)	[gʲɛlʲto'no:jɪ 'ju:ra]
Mar (m) Branco	Baltóji jū́ra (m)	[balʲ'to:jɪ 'ju:ra]

Mar (m) Cáspio	Kāspijos jū́ra (m)	['ka:spʲɪjos 'ju:ra]
Mar (m) Morto	Negyvóji jū́ra (m)	[nʲɛgʲi:'vo:jɪ 'ju:ra]
Mar (m) Mediterrâneo	Vidùržemio jū́ra (m)	[vʲɪ'dʊrʒʲɛmʲɔ 'ju:ra]

| Mar (m) Egeu | Egéjo jū́ra (m) | [ɛ'gʲæjo 'ju:ra] |
| Mar (m) Adriático | ādrijos jū́ra (m) | ['a:drʲɪjos 'ju:ra] |

Mar (m) Arábico	Arābijos jū́ra (m)	[a'rabʲɪjos 'ju:ra]
Mar (m) do Japão	Japònijos jū́ra (m)	[ja'ponʲɪjos ju:ra]
Mar (m) de Bering	Bèringo jū́ra (m)	['bʲɛrʲɪngo 'ju:ra]

Mar (m) da China Meridional	Pietų Kìnijos jū́ra (m)	[pˡiɛ'tu: 'kˡɪnˡɪjɔs 'ju:ra]
Mar (m) de Coral	Korãlų jū́ra (m)	[kɔ'ra:ˡu: 'ju:ra]
Mar (m) de Tasman	Tasmãnų jū́ra (m)	[tas'manu: 'ju:ra]
Mar (m) do Caribe	Karìbų jū́ra (m)	[ka'rˡɪbu: 'ju:ra]
Mar (m) de Barents	Bãrenco jū́ra (m)	[barˡɛntsɔ 'ju:ra]
Mar (m) de Kara	Kãrsko jū́ra (m)	['karskɔ 'ju:ra]
Mar (m) do Norte	Šiáurės jū́ra (m)	['ʃæʊrˡe:s 'ju:ra]
Mar (m) Báltico	Báltijos jū́ra (m)	['balˡtˡɪjɔs 'ju:ra]
Mar (m) da Noruega	Norvègijos jū́ra (m)	[nor'vˡɛgˡɪjɔs 'ju:ra]

79. Montanhas

montanha (f)	kálnas (v)	['kalˡnas]
cordilheira (f)	kalnų̃ vìrtinė (m)	[kalˡ'nu: vˡɪrtˡɪnˡe:]
serra (f)	kalnãgūbris (v)	[kalˡ'na:gu:brˡɪs]
cume (m)	viršū́nė (m)	[vˡɪr'ʃu:nˡe:]
pico (m)	pìkas (v)	['pˡɪkas]
sopé (m)	papė́dė (m)	[pa'pˡe:dˡe:]
declive (m)	nuokalnė (m)	['nʊakalˡnˡe:]
vulcão (m)	ugnìkalnis (v)	[ʊg'nˡɪkalˡnˡɪs]
vulcão (m) ativo	veĩkiantis ugnìkalnis (v)	['vˡɛɪkˡæntˡɪs ʊg'nˡɪkalˡnˡɪs]
vulcão (m) extinto	užgèsęs ugnìkalnis (v)	[ʊʒ'gˡæsˡɛ:s ʊg'nˡɪkalˡnˡɪs]
erupção (f)	išsivéržimas (v)	[ɪʃsˡɪvˡɛr'ʒˡɪmas]
cratera (f)	krãteris (v)	['kra:tˡɛrˡɪs]
magma (m)	magmà (m)	[mag'ma]
lava (f)	lavà (m)	[lˡa'va]
fundido (lava ~a)	įkaĩtęs	[i:'kʌɪtˡɛ:s]
desfiladeiro (m)	kanjònas (v)	[ka'njɔ nas]
garganta (f)	tarpùkalnė (m)	[tar'pʊkalˡnˡe:]
fenda (f)	tarpẽklis (m)	[tar'pˡæklˡɪs]
passo, colo (m)	kalnãkelis (m)	[kalˡ'nakˡɛlˡɪs]
planalto (m)	gulstě̃ (m)	[gʊlˡ'stˡe:]
falésia (f)	uolà (m)	[ʊa'lˡa]
colina (f)	kalvà (m)	[kalˡ'va]
glaciar (m)	ledýnas (v)	[lˡɛ'dˡi:nas]
queda (f) d'água	krioklỹs (v)	[krˡɔk'lˡi:s]
géiser (m)	geĩzeris (v)	['gˡɛɪzˡɛrˡɪs]
lago (m)	ẽžeras (v)	['ɛʒˡɛras]
planície (f)	lygumà (m)	[lˡi:gʊ'ma]
paisagem (f)	peizãžas (v)	[pˡɛɪ'za:ʒas]
eco (m)	áidas (v)	['ʌɪdas]
alpinista (m)	alpinìstas (v)	[alˡpˡɪ'nˡɪstas]
escalador (m)	uolakopỹs (v)	[ʊalˡako'pˡy:s]
conquistar (vt)	pavérgti	[pa'vˡɛrktˡɪ]
subida, escalada (f)	kopìmas (v)	[kɔ'pˡɪmas]

80. Nomes de montanhas

Alpes (m pl)	Álpés (m dgs)	['alʲpʲeːs]
monte Branco (m)	Monblãnas (v)	[monˈblʲaːnas]
Pirineus (m pl)	Pirénai (v)	[pʲɪˈrʲeːnʌɪ]
Cárpatos (m pl)	Karpãtai (v dgs)	[karˈpaːtʌɪ]
montes (m pl) Urais	Urãlo kalnaĩ (v dgs)	[ʊˈraːlɔ kalʲ'nʌɪ]
Cáucaso (m)	Kaukãzas (v)	[kɑʊˈkaːzas]
Elbrus (m)	Elbrùsas (v)	[ɛlʲ'brʊsas]
Altai (m)	Altãjus (v)	[alʲ'taːjʊs]
Tian Shan (m)	Tian Šãnis (v)	[tʲæn ˈʃaːnʲɪs]
Pamir (m)	Pamỹras (v)	[paˈmʲiːras]
Himalaias (m pl)	Himalãjai (v dgs)	[ɣʲɪmaˈlʲaːjʌɪ]
monte (m) Everest	Everèstas (v)	[ɛvʲɛˈrʲɛstas]
Cordilheira (f) dos Andes	Añdai (v)	['andʌɪ]
Kilimanjaro (m)	Kilimandžãras (v)	[kʲɪlʲɪmanˈdʒaːras]

81. Rios

rio (m)	ùpé (m)	['ʊpʲeː]
fonte, nascente (f)	šaltìnis (v)	[ʃalʲ'tʲɪnʲɪs]
leito (m) do rio	vagà (m)	[va'ga]
bacia (f)	baseĩnas (v)	[ba'sʲɛɪnas]
desaguar no ...	įtekéti ĩ̀ ...	[iːtʲɛ'kʲeːtʲɪ iː ..]
afluente (m)	añtplūdis (v)	['antplʲuːdʲɪs]
margem (do rio)	krañtas (v)	['krantas]
corrente (f)	srově (m)	[sro'vʲeː]
rio abaixo	pasroviuĩ	[pasro'vʲʊɪ]
rio acima	priẽš srõvę	['prʲɛʃ 'sroːvʲɛ]
inundação (f)	pótvynis (v)	['potvʲiːnʲɪs]
cheia (f)	póplūdis (v)	['poplʲuːdʲɪs]
transbordar (vi)	išsilíeti	[ɪʃsʲɪ'lʲiɛtʲɪ]
inundar (vt)	tvìndyti	['tvʲɪndʲiːtʲɪ]
banco (m) de areia	seklumà (m)	[sʲɛklʲʊ'ma]
rápidos (m pl)	sleñkstis (v)	['slʲɛŋkstʲɪs]
barragem (f)	ùžtvanka (m)	['ʊʒtvaŋka]
canal (m)	kanãlas (v)	[ka'naːlʲas]
reservatório (m) de água	vandeñs saugyklà (m)	[van'dʲɛns sɑʊgʲiːk'lʲa]
eclusa (f)	šliùzas (v)	['ʃlʲʊzas]
corpo (m) de água	vandeñs telkinỹs (v)	[van'dʲɛns tʲɛlʲkʲɪ'nʲiːs]
pântano (m)	pélkė (m)	['pʲɛlʲkʲeː]
tremedal (m)	liũnas (v)	['lʲuːnas]
remoinho (m)	verpẽtas (v)	[vʲɛr'pʲætas]
arroio, regato (m)	upėlis (v)	[ʊ'pʲælʲɪs]

potável	gēriamas	[ˈɡⁱærⁱæmas]
doce (água)	gḗlas	[ˈɡⁱeːlⁱas]

gelo (m)	lēdas (v)	[ˈlⁱædas]
congelar-se (vr)	užšálti	[ʊʒˈʃalⁱtⁱɪ]

82. Nomes de rios

rio Sena (m)	Senà (m)	[sⁱɛˈna]
rio Loire (m)	Luarà (m)	[lⁱʊaˈra]

rio Tamisa (m)	Tem̃zė (m)	[ˈtⁱɛmzⁱeː]
rio Reno (m)	Reĩnas (v)	[ˈrⁱɛɪnas]
rio Danúbio (m)	Dunōjus (v)	[dʊˈnoːjʊs]

rio Volga (m)	Vòlga (m)	[ˈvolⁱga]
rio Don (m)	Dònas (v)	[ˈdonas]
rio Lena (m)	Lenà (m)	[lⁱɛˈna]

rio Amarelo (m)	Geltonòji ùpė (m)	[ɡⁱɛlⁱtoˈnoːjɪ ˈʊpⁱeː]
rio Yangtzé (m)	Jangdzė̃ (m)	[jangˈdzⁱeː]
rio Mekong (m)	Mekòngas (v)	[mⁱɛˈkongas]
rio Ganges (m)	Gángas (v)	[ˈgangas]

rio Nilo (m)	Nìlas (v)	[ˈnⁱɪlⁱas]
rio Congo (m)	Kòngas (v)	[ˈkongas]
rio Cubango (m)	Okavángas (v)	[okaˈva ngas]
rio Zambeze (m)	Zambèzė (m)	[zamˈbⁱɛzⁱeː]
rio Limpopo (m)	Limpopò (v)	[lⁱɪmpoˈpo]
rio Mississípi (m)	Misisìpė (m)	[mⁱɪsⁱɪˈsⁱɪpⁱeː]

83. Floresta

floresta (f), bosque (m)	mìškas (v)	[ˈmⁱɪʃkas]
florestal	miškìnis	[mⁱɪʃˈkⁱɪnⁱɪs]

mata (f) cerrada	tankumýnas (v)	[taŋkʊˈmⁱiːnas]
arvoredo (m)	giráitė (m)	[ɡⁱɪˈrʌɪtⁱeː]
clareira (f)	laũkas (v)	[ˈlⁱɑʊkas]

matagal (m)	žolýnas, beržýnas (v)	[ʒoˈlⁱiːnas], [bⁱɛrˈʒⁱiːnas]
mato (m)	krūmýnas (v)	[kruːˈmⁱiːnas]

vereda (f)	takẽlis (v)	[taˈkⁱælⁱɪs]
ravina (f)	griovỹs (v)	[grⁱoˈvⁱiːs]

árvore (f)	mẽdis (v)	[ˈmⁱædⁱɪs]
folha (f)	lãpas (v)	[ˈlⁱaːpas]
folhagem (f)	lapijà (m)	[lⁱapⁱɪˈja]

queda (f) das folhas	lãpų kritìmas (v)	[ˈlⁱaːpu: krⁱɪˈtⁱɪmas]
cair (vi)	krìsti	[ˈkrⁱɪstⁱɪ]

topo (m)	viršūnė (m)	[vʲɪrˈʃuːnʲeː]
ramo (m)	šaka (m)	[ʃaˈka]
galho (m)	šaka (m)	[ʃaˈka]
botão, rebento (m)	pumpuras (v)	[ˈpʊmpʊras]
agulha (f)	spyglys (v)	[spʲiːgˈlʲiːs]
pinha (f)	kankorėžis (v)	[kaŋˈkorʲeːʒʲɪs]

buraco (m) de árvore	úoksas (v)	[ˈʊɑksas]
ninho (m)	lìzdas (v)	[ˈlʲɪzdas]
toca (f)	ola (m)	[oˈlʲa]

tronco (m)	kamíenas (v)	[kaˈmʲiɛnas]
raiz (f)	šaknìs (m)	[ʃakˈnʲɪs]
casca (f) de árvore	žievė (m)	[ʒʲiɛˈvʲeː]
musgo (m)	sāmana (m)	[ˈsaːmana]

arrancar pela raiz	ráuti	[ˈrɑʊtʲɪ]
cortar (vt)	kírsti	[ˈkʲɪrstʲɪ]
desflorestar (vt)	iškìrsti	[ɪʃˈkʲɪrstʲɪ]
toco, cepo (m)	kélmas (v)	[ˈkʲɛlʲmas]

fogueira (f)	láužas (v)	[ˈlʲɑʊʒas]
incêndio (m) florestal	gaìsras (v)	[ˈɡʌɪsras]
apagar (vt)	gesìnti	[ɡʲɛˈsʲɪntʲɪ]

guarda-florestal (m)	mìškininkas (v)	[ˈmʲɪʃkʲɪnʲɪŋkas]
proteção (f)	apsauga (m)	[apsɑʊˈga]
proteger (a natureza)	sáugoti	[ˈsɑʊɡotʲɪ]
caçador (m) furtivo	brakoniērius (v)	[brakoˈnʲɛrʲʊs]
armadilha (f)	spąstai (v dgs)	[ˈspaːstʌɪ]

colher (cogumelos)	grybáuti	[ɡrʲɪːˈbɑʊtʲɪ]
colher (bagas)	uogáuti	[ʊɑˈɡɑʊtʲɪ]
perder-se (vr)	pasiklýsti	[pasʲɪˈklʲiːstʲɪ]

84. Recursos naturais

recursos (m pl) naturais	gamtìniai ištekliai (v dgs)	[gamˈtʲɪnʲɛɪ ˈɪʃtʲɛkʲlʲɛɪ]
minerais (m pl)	naudìngos iškasenos (m dgs)	[nɑʊˈdʲɪngos ˈɪʃkasʲɛnos]
depósitos (m pl)	telkiniai (v dgs)	[tʲɛlʲkʲɪˈnʲɛɪ]
jazida (f)	telkinȳs (v)	[tʲɛlʲkʲɪˈnʲiːs]

extrair (vt)	iškàsti	[ɪʃˈkastʲɪ]
extração (f)	laimìkis (v)	[lʲʌɪˈmʲɪkʲɪs]
minério (m)	rūda (m)	[ruːˈda]
mina (f)	rūdýnas (v)	[ruːˈdʲiːnas]
poço (m) de mina	šachta (m)	[ʃaxˈta]
mineiro (m)	šāchtininkas (v)	[ˈʃaːxtʲɪnʲɪŋkas]

| gás (m) | dùjos (m dgs) | [ˈdʊjos] |
| gasoduto (m) | dujótiekis (v) | [dʊˈjotʲiɛkʲɪs] |

| petróleo (m) | nafta (m) | [nafˈta] |
| oleoduto (m) | naftótiekis (v) | [nafˈtotʲiɛkʲɪs] |

poço (m) de petróleo	nãftos bókštas (v)	['na:ftos 'bokʃtas]
torre (f) petrolífera	grȩ̃žimo bókštas (v)	['grʲɛ:ʒʲɪmɔ 'bokʃtas]
petroleiro (m)	tánklaivis (v)	['taŋklʲʌɪvʲɪs]

areia (f)	smélis (v)	['smʲe:lʲɪs]
calcário (m)	kálkinis akmuõ (v)	['kalʲkʲɪnʲɪs ak'mʊɑ]
cascalho (m)	žvỹras (v)	['ʒvʲi:ras]
turfa (f)	dùrpės (m dgs)	['dʊrpʲe:s]
argila (f)	mólis (v)	['molʲɪs]
carvão (m)	anglìs (m)	[ang'lʲɪs]

ferro (m)	geležìs (v)	[gʲɛlʲɛ'ʒʲɪs]
ouro (m)	áuksas (v)	['ɑuksas]
prata (f)	sidãbras (v)	[sʲɪ'da:bras]
níquel (m)	nìkelis (v)	['nʲɪkʲɛlʲɪs]
cobre (m)	vãris (v)	['va:rʲɪs]

zinco (m)	cìnkas (v)	['tsʲɪŋkas]
manganês (m)	mangãnas (v)	[man'ga:nas]
mercúrio (m)	gývsidabris (v)	['gʲi:vsʲɪdabrʲɪs]
chumbo (m)	švìnas (v)	['ʃvʲɪnas]

mineral (m)	minerãlas (v)	[mʲɪnʲɛ'ra:lʲas]
cristal (m)	kristãlas (v)	[krʲɪs'ta:lʲas]
mármore (m)	mármuras (v)	['marmʊras]
urânio (m)	urãnas (v)	[ʊ'ra:nas]

85. Tempo

tempo (m)	óras (v)	['oras]
previsão (f) do tempo	óro prognõzė (m)	['orɔ prog'nozʲe:]
temperatura (f)	temperatūrà (m)	[tʲɛmpʲɛratu:'ra]
termómetro (m)	termomètras (v)	[tʲɛrmo'mʲɛtras]
barómetro (m)	baromètras (v)	[baro'mʲɛtras]

húmido	drégnas	['drʲe:gnas]
humidade (f)	drėgmẽ (m)	[drʲe:g'mʲe:]
calor (m)	kar̃štis (v)	['karʃtʲɪs]
cálido	kárštas	['karʃtas]
está muito calor	karšta	['karʃta]

| está calor | šílta | ['ʃʲɪlʲta] |
| quente | šíltas | ['ʃʲɪlʲtas] |

| está frio | šálta | ['ʃalʲta] |
| frio | šáltas | ['ʃalʲtas] |

sol (m)	sáulė (m)	['sɑulʲe:]
brilhar (vi)	šviẽsti	['ʃvʲɛstʲɪ]
de sol, ensolarado	sauléta	[sɑʊ'lʲe:ta]
nascer (vi)	pakìlti	[pa'kʲɪlʲtʲɪ]
pôr-se (vr)	léistis	['lʲɛɪstʲɪs]
nuvem (f)	debesìs (v)	[dʲɛbʲɛ's'ɪs]
nublado	debesúota	[dʲɛbʲɛ'sʊɑta]

| nuvem (f) preta | debesìs (v) | [dʲɛbʲɛ'sʲɪs] |
| escuro, cinzento | apsiniaùkę | [apsʲɪ'nʲæʊkʲɛ:] |

chuva (f)	lietùs (v)	[lʲiɛ'tʊs]
está a chover	lỹja	['lʲi:ja]
chuvoso	lietìngas	[lʲiɛ'tʲɪngas]
chuviscar (vi)	lynóti	[lʲi:'notʲɪ]

chuva (f) torrencial	liútis (m)	['lʲu:tʲɪs]
chuvada (f)	liútis (m)	['lʲu:tʲɪs]
forte (chuva)	stiprùs	[stʲɪp'rʊs]
poça (f)	balà (m)	[ba'lʲa]
molhar-se (vr)	šlàpti	['ʃlʲaptʲɪ]

nevoeiro (m)	rūkas (v)	['ru:kas]
de nevoeiro	miglótas	[mʲɪg'lʲotas]
neve (f)	sniègas (v)	['snʲɛgas]
está a nevar	sniñga	['snʲɪŋga]

86. Tempo extremo. Catástrofes naturais

trovoada (f)	perkū́nija (m)	[pʲɛr'ku:nʲɪjɛ]
relâmpago (m)	žaĩbas (v)	['ʒʌɪbas]
relampejar (vi)	žaibúoti	[ʒʌɪ'bʊɑtʲɪ]

trovão (m)	griaustìnis (v)	[grʲɛʊs'tʲɪnʲɪs]
trovejar (vi)	griáudėti	['grʲæʊdʲe:tʲɪ]
está a trovejar	griáudėja griaustìnis	['grʲæʊdʲe:ja grʲɛʊs'tʲɪnʲɪs]

| granizo (m) | krušà (m) | [krʊ'ʃa] |
| está a cair granizo | kriñta krušà | ['krʲɪnta krʊ'ʃa] |

| inundar (vt) | užlíeti | [ʊʒ'lʲiɛtʲɪ] |
| inundação (f) | pótvynis (v) | ['potvʲi:nʲɪs] |

terremoto (m)	žẽmės drebėjimas (v)	['ʒʲæmʲe:s dre'bʲɛjɪmas]
abalo, tremor (m)	smū̃gis (m)	['smu:gʲɪs]
epicentro (m)	epiceñtras (v)	[ɛpʲɪ'tsʲɛntras]

| erupção (f) | išsiveržìmas (v) | [ɪʃsʲɪvʲɛr'ʒʲɪmas] |
| lava (f) | lavà (m) | [lʲa'va] |

turbilhão (m)	víesulas (v)	['vʲiɛsʊlʲas]
tornado (m)	tornãdo (v)	[tor'na:dɔ]
tufão (m)	taifū̃nas (v)	[tʌɪ'fu:nas]

furacão (m)	uragãnas (v)	[ʊra'ga:nas]
tempestade (f)	audrà (m)	[ɑʊd'ra]
tsunami (m)	cunãmis (v)	[tsʊ'na:mʲɪs]

ciclone (m)	ciklònas (v)	[tsʲɪk'lʲonas]
mau tempo (m)	dárgana (m)	['dargana]
incêndio (m)	gaĩsras (v)	['gʌɪsras]
catástrofe (f)	katastrofà (m)	[katastro'fa]

meteorito (m)	**meteorìtas** (v)	[mʲɛtʲɛoˈrʲɪtas]
avalanche (f)	**lavinà** (m)	[lʲavʲɪˈna]
deslizamento (m) de neve	**griūtìs** (m)	[grʲuːˈtʲɪs]
nevasca (f)	**pūgà** (m)	[puːˈga]
tempestade (f) de neve	**pūgà** (m)	[puːˈga]

FAUNA

87. Mamíferos. Predadores

predador (m)	plėšrūnas (v)	[plʲeːʃruːnas]
tigre (m)	tìgras (v)	['tʲɪgras]
leão (m)	liūtas (v)	['lʲuːtas]
lobo (m)	vìlkas (v)	['vʲɪlʲkas]
raposa (f)	lãpė (m)	['lʲaːpʲeː]

jaguar (m)	jaguãras (v)	[jagʊ'aːras]
leopardo (m)	leopárdas (v)	[lʲɛo'pardas]
chita (f)	gepárdas (v)	[gʲɛ'pardas]

pantera (f)	panterà (m)	[pantʲɛ'ra]
puma (m)	pumà (m)	[pʊ'ma]
leopardo-das-neves (m)	snieginis leopárdas (v)	[snʲiɛ'gʲɪnʲɪs lʲɛo'pardas]
lince (m)	lūšis (m)	['lʲuːʃɪs]

coiote (m)	kojòtas (v)	[kɔ'jɔ tas]
chacal (m)	šakãlas (v)	[ʃa'kaːlʲas]
hiena (f)	hienà (m)	[ɣʲiɛ'na]

88. Animais selvagens

| animal (m) | gyvūnas (v) | [gʲiː'vuːnas] |
| besta (f) | žvėrìs (v) | [ʒvʲeː'rʲɪs] |

esquilo (m)	voverė̃ (m)	[vove'rʲeː]
ouriço (m)	ežỹs (v)	[ɛ'ʒʲiːs]
lebre (f)	kìškis, zuĩkis (v)	['kʲɪʃkʲɪs], ['zʊɪkʲɪs]
coelho (m)	triùšis (v)	['trʲʊʃɪs]

texugo (m)	barsùkas (v)	[bar'sʊkas]
guaxinim (m)	meškénas (v)	[mʲɛʃ'kʲeːnas]
hamster (m)	žiurkénas (v)	[ʒʲʊr'kʲeːnas]
marmota (f)	švilpìkas (v)	[ʃvʲɪlʲ'pʲɪkas]

toupeira (f)	kùrmis (v)	['kʊrmʲɪs]
rato (m)	pelė̃ (m)	[pʲɛ'lʲeː]
ratazana (f)	žiùrkė (m)	['ʒʲʊrkʲeː]
morcego (m)	šikšnósparnis (v)	[ʃɪkʃ'nosparnʲɪs]

arminho (m)	šermuonėlis (v)	[ʃermʊo'nʲeːlʲɪs]
zibelina (f)	sãbalas (v)	['saːbalʲas]
marta (f)	kiáunė (m)	['kʲæʊnʲeː]
doninha (f)	žebenkštìs (m)	[ʒʲɛbʲɛŋkʃ'tʲɪs]
vison (m)	audìnė (m)	[aʊ'dʲɪnʲeː]

castor (m)	bẽbras (v)	['bⁱæbras]
lontra (f)	ũdra (m)	['u:dra]
cavalo (m)	arklỹs (v)	[ark'lⁱi:s]
alce (m)	bríedis (v)	['brⁱɛdⁱɪs]
veado (m)	élnias (v)	['ɛlⁱnⁱæs]
camelo (m)	kupranugãris (v)	[kʊpranʊ'ga:rⁱɪs]
bisão (m)	bizònas (v)	[bⁱɪ'zonas]
auroque (m)	stum̃bras (v)	['stʊmbras]
búfalo (m)	buivolas (v)	['bʊivolⁱas]
zebra (f)	zèbras (v)	['zⁱɛbras]
antílope (m)	antilòpė (m)	[antⁱɪ'lⁱopⁱe:]
corça (f)	stìrna (m)	['stⁱɪrna]
gamo (m)	daniẽlius (v)	[da'nⁱɛlⁱʊs]
camurça (f)	gemzė (m)	['gⁱɛmzⁱe:]
javali (m)	šérnas (v)	['ʃɛrnas]
baleia (f)	bangìnis (v)	[ban'gⁱɪnⁱɪs]
foca (f)	rúonis (v)	['rʊɑnⁱɪs]
morsa (f)	vėplỹs (v)	[vⁱe:p'lⁱi:s]
urso-marinho (m)	kòtikas (v)	['kotⁱɪkas]
golfinho (m)	delfìnas (v)	[dⁱɛlⁱⁱfɪnas]
urso (m)	lokỹs (v), meška (m)	[lⁱo'kⁱi:s], [mⁱɛʃ'ka]
urso (m) branco	baltàsis lokỹs (v)	[balⁱ'tasⁱɪs lⁱo'kⁱi:s]
panda (m)	pánda (m)	['panda]
macaco (em geral)	beždžiõnė (m)	[bⁱɛʒ'dʒⁱo:nⁱe:]
chimpanzé (m)	šimpánzė (m)	[ʃⁱɪm'panzⁱe:]
orangotango (m)	orangutángas (v)	[orangʊ'tangas]
gorila (m)	gorilà (m)	[gor'ɪ'lⁱa]
macaco (m)	makakà (m)	[maka'ka]
gibão (m)	gibònas (v)	[gⁱɪ'bonas]
elefante (m)	dramblỹs (v)	[dram'blⁱi:s]
rinoceronte (m)	raganõsis (v)	[raga'no:sⁱɪs]
girafa (f)	žìrafà (m)	[ʒⁱɪra'fa]
hipopótamo (m)	begemòtas (v)	[bⁱɛgⁱɛ'motas]
canguru (m)	kengūrà (m)	[kⁱɛn'gu:'ra]
coala (m)	koalà (m)	[kɔa'lⁱa]
mangusto (m)	mangustà (m)	[mangʊs'ta]
chinchila (m)	šinšilà (m)	[ʃⁱɪnʃⁱɪ'lⁱa]
doninha-fedorenta (f)	skùnkas (v)	['skʊŋkas]
porco-espinho (m)	dygliuotis (v)	[dⁱⁱg'lⁱʊotⁱɪs]

89. Animais domésticos

gata (f)	katě (m)	[ka'tⁱe:]
gato (m) macho	kãtinas (v)	['ka:tⁱɪnas]
cão (m)	šuõ (v)	['ʃʊɑ]

cavalo (m)	arklỹs (v)	[ark'lʲiːs]
garanhão (m)	eřžilas (v)	['ɛrʒʲɪlʲas]
égua (f)	kumélé (m)	[kʊ'mʲælʲeː]

vaca (f)	kárvé (m)	['karvʲeː]
touro (m)	bùlius (v)	['bʊlʲʊs]
boi (m)	jáutis (v)	['jɑʊtʲɪs]

ovelha (f)	avìs (m)	[a'vʲɪs]
carneiro (m)	ãvinas (v)	['aːvʲɪnas]
cabra (f)	ožka (m)	[oʒ'ka]
bode (m)	ožỹs (v)	[o'ʒʲiːs]

| burro (m) | ãsilas (v) | ['aːsʲɪlʲas] |
| mula (f) | mùlas (v) | ['mʊlʲas] |

porco (m)	kiaūlé (m)	['kʲɛʊlʲeː]
leitão (m)	paršélis (v)	[parʃʲælʲɪs]
coelho (m)	triùšis (v)	['trʲʊʃɪs]

| galinha (f) | vištà (m) | [vʲɪʃ'ta] |
| galo (m) | gaidỹs (v) | [gʌɪ'dʲiːs] |

pata (f)	ántis (m)	['antʲɪs]
pato (macho)	antinas (v)	['antʲɪnas]
ganso (m)	žãsinas (v)	['ʒaːsʲɪnas]

| peru (m) | kalakùtas (v) | [kalʲa'kʊtas] |
| perua (f) | kalakùté (m) | [kalʲa'kʊtʲeː] |

animais (m pl) domésticos	namìniai gyvūnai (v dgs)	[na'mʲɪnʲɛɪ gʲiː'vuːnʌɪ]
domesticado	prijaukìntas	[prʲɪjɛʊ'kʲɪntas]
domesticar (vt)	prijaukìnti	[prʲɪjɛʊ'kʲɪntʲɪ]
criar (vt)	augìnti	[ɑʊ'gʲɪntʲɪ]

quinta (f)	fèrma (m)	['fʲɛrma]
aves (f pl) domésticas	namìnis paūkštis (v)	[na'mʲɪnʲɪs 'pɑʊkʃtʲɪs]
gado (m)	galvìjas (v)	[gal'vʲɪjɛs]
rebanho (m), manada (f)	bandà (m)	[ban'da]

estábulo (m)	arklìdé (m)	[ark'lʲɪdʲeː]
pocilga (f)	kiaulìdé (m)	[kʲɛʊ'lʲɪdʲeː]
estábulo (m)	karvìdé (m)	[kar'vʲɪdʲeː]
coelheira (f)	triušìdé (m)	[trʲʊ'ʃɪdʲeː]
galinheiro (m)	vištìdé (m)	[vʲɪʃ'tʲɪdʲeː]

90. Pássaros

pássaro (m), ave (f)	paūkštis (v)	['pɑʊkʃtʲɪs]
pombo (m)	balañdis (v)	[ba'lʲandʲɪs]
pardal (m)	žvìrblis (v)	['ʒvʲɪrblʲɪs]
chapim-real (m)	zýlé (m)	['zʲiːlʲeː]
pega-rabuda (f)	šárka (m)	['ʃarka]
corvo (m)	vařnas (v)	['varnas]

gralha (f) cinzenta	várna (m)	['varna]
gralha-de-nuca-cinzenta (f)	kúosa (m)	['kuɑsa]
gralha-calva (f)	kovàs (v)	[kɔ'vas]

pato (m)	ántis (m)	['antʲɪs]
ganso (m)	žą̃sinas (v)	['ʒa:sʲɪnas]
faisão (m)	fazãnas (v)	[fa'za:nas]

águia (f)	erẽlis (v)	[ɛ'rʲælʲɪs]
açor (m)	vãnagas (v)	['va:nagas]
falcão (m)	sãkalas (v)	['sa:kalʲas]
abutre (m)	grĩfas (v)	['grʲɪfas]
condor (m)	kondòras (v)	[kɔn'doras]

cisne (m)	gul̃bė (m)	['guɪˠbʲe:]
grou (m)	gérvė (m)	['gʲɛrvʲe:]
cegonha (f)	gañdras (v)	['gandras]

papagaio (m)	papū̃gà (m)	[papu:'ga]
beija-flor (m)	kolìbris (v)	[kɔ'lʲɪbrʲɪs]
pavão (m)	póvas (v)	['povas]

avestruz (m)	strùtis (v)	['strʊtʲɪs]
garça (f)	garnỹs (v)	[gar'nʲiːs]
flamingo (m)	flamìngas (v)	[flʲa'mʲɪngas]
pelicano (m)	pelikãnas (v)	[pʲɛlʲɪ'ka:nas]

rouxinol (m)	lakštiñgala (m)	[lʲakʃ'tʲɪŋgalʲa]
andorinha (f)	kregždẽ (m)	[krʲɛgʒ'dʲe:]

tordo-zornal (m)	strãzdas (v)	['stra:zdas]
tordo-músico (m)	strãzdas giesminin̄kas (v)	['stra:zdas gʲiɛsmʲɪ'nʲɪŋkas]
melro-preto (m)	juodàsis strãzdas (v)	[jʊɑ'dasʲɪs s'tra:zdas]

andorinhão (m)	čiurlỹs (v)	[tʃʲʊr'lʲiːs]
cotovia (f)	vyturỹs, vieversỹs (v)	[vʲiːtʊ'rʲiːs], [vʲiɛvɛr'sʲiːs]
codorna (f)	pùtpelė (m)	['pʊtpelʲe:]

pica-pau (m)	genỹs (v)	[gʲɛ'nʲiːs]
cuco (m)	gegùtė (m)	[gʲɛ'gʊtʲe:]
coruja (f)	peléda (m)	[pʲɛ'lʲe:da]
corujão, bufo (m)	apúokas (v)	[a'pʊakas]
tetraz-grande (m)	kurtinỹs (v)	[kʊrtʲɪ'nʲiːs]
tetraz-lira (m)	tẽtervinas (v)	['tʲætʲɛrvʲɪnas]
perdiz-cinzenta (f)	kurapkà (m)	[kʊrap'ka]

estorninho (m)	varnénas (v)	[var'nʲe:nas]
canário (m)	kanarẽlė (m)	[kana'rʲe:lʲe:]
galinha-do-mato (f)	jerubẽ (m)	[jerʊ'bʲe:]

tentilhão (m)	kikìlis (v)	[kʲɪ'kʲɪlʲɪs]
dom-fafe (m)	sniẽgena (m)	['snʲɛgʲɛna]

gaivota (f)	žuvédra (m)	[ʒʊ'vʲe:dra]
albatroz (m)	albatròsas (v)	[alʲba't'rosas]
pinguim (m)	pingvìnas (v)	[pʲɪng'vʲɪnas]

91. Peixes. Animais marinhos

brema (f)	karšis (v)	['karʃɪs]
carpa (f)	kárpis (v)	['karpʲɪs]
perca (f)	ešerỹs (v)	[ɛʃʲɛ'rʲiːs]
siluro (m)	šãmas (v)	['ʃa:mas]
lúcio (m)	lydeka (m)	[lʲiːdʲɛ'ka]
salmão (m)	lašišà (m)	[lʲaʃɪ'ʃa]
esturjão (m)	erškėtas (v)	[erʃ'kʲe:tas]
arenque (m)	sĩlkė (m)	['sʲɪlʲkʲe:]
salmão (m)	lašišà (m)	[lʲaʃɪ'ʃa]
cavala, sarda (f)	skùmbrė (m)	['skumbrʲe:]
solha (f)	plẽkšnė (m)	['plʲækʃnʲe:]
lúcio perca (m)	starkis (v)	['starkʲɪs]
bacalhau (m)	ménkė (m)	['mʲɛŋkʲe:]
atum (m)	tùnas (v)	['tunas]
truta (f)	upétakis (v)	[ʊ'pʲe:takʲɪs]
enguia (f)	ungurỹs (v)	[ʊngʊ'rʲiːs]
raia elétrica (f)	elektrìnė rajà (m)	[ɛlʲɛk'trʲɪnʲe: ra'ja]
moreia (f)	murėnà (m)	[mʊrʲɛ'na]
piranha (f)	pirãnija (m)	[pʲɪ'ra:nʲɪjɛ]
tubarão (m)	ryklỹs (v)	[rʲɪk'lʲiːs]
golfinho (m)	delfìnas (v)	[dʲɛlʲ'fɪnas]
baleia (f)	bangìnis (v)	[ban'gʲɪnʲɪs]
caranguejo (m)	krãbas (v)	['kra:bas]
medusa, alforreca (f)	medūzà (m)	[mʲɛdu:'za]
polvo (m)	aštuonkõjis (v)	[aʃtʊɑŋ'ko:jis]
estrela-do-mar (f)	jū́ros žvaigždė̃ (m)	['ju:ros ʒvʌɪgʒ'dʲe:]
ouriço-do-mar (m)	jū́ros ežỹs (v)	['ju:ros ɛ'ʒʲiːs]
cavalo-marinho (m)	jū́ros arkliùkas (v)	['ju:ros ark'lʲukas]
ostra (f)	áustrė (m)	['austrʲe:]
camarão (m)	krevetė (m)	[krʲɛ'vʲɛtʲe:]
lavagante (m)	omãras (v)	[o'ma:ras]
lagosta (f)	langùstas (v)	[lʲan'gustas]

92. Amfíbios. Répteis

serpente, cobra (f)	gyvãtė (m)	[gʲi:'va:tʲe:]
venenoso	nuodìngas	[nʊɑ'dʲɪngas]
víbora (f)	angìs (v)	[an'gʲɪs]
cobra-capelo, naja (f)	kobrà (m)	[kɔb'ra]
pitão (m)	pitònas (v)	[pʲɪ'tonas]
jiboia (f)	smauglỹs (v)	[smɑʊg'lʲiːs]
cobra-de-água (f)	žaltỹs (v)	[ʒalʲ'tʲiːs]

cascavel (f)	barškuõlė (m)	[barʃˈkʊalʲeː]
anaconda (f)	anakònda (m)	[anaˈkonda]
lagarto (m)	dríežas (v)	[ˈdrʲiɛʒas]
iguana (f)	iguanà (m)	[ɪgʊaˈna]
varano (m)	varãnas (v)	[vaˈraːnas]
salamandra (f)	salamándra (m)	[salʲaˈmandra]
camaleão (m)	chameleònas (v)	[xamʲɛlʲɛˈonas]
escorpião (m)	skorpiònas (v)	[skorpʲɪˈonas]
tartaruga (f)	vėžlỹs (v)	[vʲeːʒˈlʲiːs]
rã (f)	varlė̃ (m)	[varˈlʲeː]
sapo (m)	rùpūžė (m)	[ˈrʊpuːʒʲeː]
crocodilo (m)	krokodìlas (v)	[krokoˈdʲɪlʲas]

93. Insetos

inseto (m)	vabzdỹs (v)	[vabzˈdʲiːs]
borboleta (f)	drugẽlis (v)	[drʊˈglælʲɪs]
formiga (f)	skruzdė̃lė (m)	[skrʊzˈdʲælʲeː]
mosca (f)	mùsė (m)	[ˈmʊsʲeː]
mosquito (m)	úodas (v)	[ˈʊadas]
escaravelho (m)	vãbalas (v)	[ˈvaːbalʲas]
vespa (f)	vapsvà (m)	[vapsˈva]
abelha (f)	bìtė (m)	[ˈbʲɪtʲeː]
mamangava (f)	kamã̃nė (m)	[kaˈmaːnʲeː]
moscardo (m)	gylỹs (v)	[glʲiːˈlʲiːs]
aranha (f)	vóras (v)	[ˈvoras]
teia (f) de aranha	vorãtinklis (v)	[voˈraːtʲɪŋklʲɪs]
libélula (f)	laũmžirgis (v)	[ˈlʲaʊmʒʲɪrgʲɪs]
gafanhoto-do-campo (m)	žiógas (v)	[ˈʒʲogas]
traça (f)	petelìškė (m)	[pʲɛtʲɛˈlʲɪʃkʲeː]
barata (f)	tarakõnas (v)	[taraˈkoːnas]
carraça (f)	érkė (m)	[ˈʲærkʲeː]
pulga (f)	blusà (m)	[blʲʊˈsa]
borrachudo (m)	mãšalas (v)	[ˈmaːʃalʲas]
gafanhoto (m)	skėrỹs (v)	[skʲeːˈrʲiːs]
caracol (m)	sráigė (m)	[ˈsrʌɪgʲeː]
grilo (m)	svirplỹs (v)	[svʲɪrpˈlʲiːs]
pirilampo (m)	jõnvabalis (v)	[ˈjoːnvabalʲɪs]
joaninha (f)	borùžė (m)	[boˈrʊʒʲeː]
besouro (m)	grambuolỹs (v)	[grambʊaˈlʲiːs]
sanguessuga (f)	dėlė̃ (m)	[dʲeːˈlʲeː]
lagarta (f)	vìkšras (v)	[ˈvʲɪkʃras]
minhoca (f)	slíekas (v)	[ˈslʲiɛkas]
larva (f)	kirmėlė̃ (m)	[kʲɪrmeːˈlʲeː]

FLORA

94. Árvores

árvore (f)	mẽdis (v)	['mʲædʲɪs]
decídua	lapuõtis	[lʲapʊ'atʲɪs]
conífera	spygliuõtis	[spʲi:g'lʲʊo:tʲɪs]
perene	višžalis	['vʲɪsʒalʲɪs]
macieira (f)	obelìs (m)	[obʲɛ'lʲɪs]
pereira (f)	kriáušė (m)	['krʲæʊʃe:]
cerejeira (f)	trẽšnė (m)	['trʲæʃnʲe:]
ginjeira (f)	vyšnià (m)	[vʲi:ʃnʲæ]
ameixeira (f)	slyvà (m)	[slʲi:'va]
bétula (f)	béržas (v)	['bʲɛrʒas]
carvalho (m)	ą́žuolas (v)	['a:ʒʊalʲas]
tília (f)	líepa (m)	['lʲiɛpa]
choupo-tremedor (m)	drebulẽ (m)	[drebʊ'lʲe:]
bordo (m)	klẽvas (v)	['klʲævas]
espruce-europeu (m)	ẽglė (m)	['ʲæglʲe:]
pinheiro (m)	pušìs (m)	[pʊ'ʃɪs]
alerce, lariço (m)	maũmedis (v)	['maʊmʲɛdʲɪs]
abeto (m)	kẽnis (v)	['kʲe:nʲɪs]
cedro (m)	kèdras (v)	['kʲɛdras]
choupo, álamo (m)	túopa (m)	['tʊapa]
tramazeira (f)	šermùkšnis (v)	[ʃɛr'mʊkʃnʲɪs]
salgueiro (m)	glúosnis (v)	['glʲʊasnʲɪs]
amieiro (m)	al̃ksnis (v)	['alʲksnʲɪs]
faia (f)	bùkas (v)	['bʊkas]
ulmeiro (m)	gúoba (m)	['gʊaba]
freixo (v)	úosis (v)	['ʊasʲɪs]
castanheiro (m)	kaštõnas (v)	[kaʃ'to:nas]
magnólia (f)	magnòlija (m)	[mag'nolʲɪjɛ]
palmeira (f)	pálmė (m)	['palʲmʲe:]
cipreste (m)	kiparìsas (v)	[kʲɪpa'rʲɪsas]
mangue (m)	mañgro mẽdis (v)	['mañgrɔ 'mʲædʲɪs]
embondeiro, baobá (m)	baobãbas (v)	[bao'ba:bas]
eucalipto (m)	eukalìptas (v)	[ɛʊka'lʲɪptas]
sequoia (f)	sekvojà (m)	[sʲɛkvo:'jɛ]

95. Arbustos

arbusto (m)	krű̃mas (v)	['kru:mas]
arbusto (m), moita (f)	krūmýnas (v)	[kru:'mʲi:nas]

videira (f)	vynuogýnas (v)	[vʲi:nʊɑ'gʲi:nas]
vinhedo (m)	vynuogýnas (v)	[vʲi:nʊɑ'gʲi:nas]

framboeseira (f)	aviẽtė (m)	[a'vʲɛtʲe:]
groselheira-vermelha (f)	raudonàsis serbeñtas (v)	[rɑʊdo'nasʲɪs sʲɛr'bʲɛntas]
groselheira (f) espinhosa	agrãstas (v)	[ag'ra:stas]

acácia (f)	akãcija (m)	[a'ka:tsʲɪjɛ]
bérberis (f)	raugeřškis (m)	[rɑʊ'gʲɛrʃkʲɪs]
jasmim (m)	jazmìnas (v)	[jaz'mʲɪnas]

junípero (m)	kadagỹs (v)	[kada'gʲi:s]
roseira (f)	rõžių krūmas (v)	['ro:ʒʲu: 'kru:mas]
roseira (f) brava	erškḗtis (v)	[erʃ'kʲe:tʲɪs]

96. Frutos. Bagas

fruta (f)	vaĩsius (v)	['vʌɪsʲʊs]
frutas (f pl)	vaĩsiai (v dgs)	['vʌɪsʲɛɪ]
maçã (f)	obuolỹs (v)	[obʊɑ'lʲi:s]
pera (f)	kriáušė (m)	['krʲæʊʃe:]
ameixa (f)	slyvà (m)	[slʲi:'va]

morango (m)	brãškė (m)	['bra:ʃkʲe:]
ginja (f)	vyšnià (m)	[vʲi:ʃ'nʲæ]
cereja (f)	trẽšnė (m)	['trʲæʃnʲe:]
uva (f)	vỹnuogės (m dgs)	['vʲi:nʊɑgʲe:s]

framboesa (f)	aviẽtė (m)	[a'vʲɛtʲe:]
groselha (f) preta	juodíeji serbeñtai (v dgs)	[jʊɑ'dʲiɛjɪ sʲɛr'bʲɛntʌɪ]
groselha (f) vermelha	raudoníeji serbeñtai (v dgs)	[rɑʊdo'nʲɛji sʲɛr'bʲɛntʌɪ]

groselha (f) espinhosa	agrãstas (v)	[ag'ra:stas]
oxicoco (m)	spañguolė (m)	['spaŋgʊɑlʲe:]

laranja (f)	apelsìnas (v)	[apʲɛlʲ'sʲɪnas]
tangerina (f)	mandarìnas (v)	[manda'rʲɪnas]
ananás (m)	ananãsas (v)	[ana'na:sas]

banana (f)	banãnas (v)	[ba'na:nas]
tâmara (f)	datùlė (m)	[da'tʊlʲe:]

limão (m)	citrinà (m)	[tsʲɪtrʲɪ'na]
damasco (m)	abrikòsas (v)	[abrʲɪ'kosas]
pêssego (m)	pèrsikas (v)	['pʲɛrsʲɪkas]

kiwi (m)	kìvis (v)	['kʲɪvʲɪs]
toranja (f)	greĩpfrutas (v)	['grʲɛɪpfrʊtas]

baga (f)	úoga (m)	['ʊɑga]
bagas (f pl)	úogos (m dgs)	['ʊɑgos]
arando (m) vermelho	brùknės (m dgs)	['brʊknʲe:s]
morango-silvestre (m)	žẽmuogės (m dgs)	['ʒʲæmʊɑgʲe:s]
mirtilo (m)	mėlýnės (m dgs)	[mʲe:'lʲi:nʲe:s]

97. Flores. Plantas

| flor (f) | gėlė̃ (m) | [gʲeːˈlʲeː] |
| ramo (m) de flores | púokštė (m) | [ˈpuɑkʃtʲeː] |

rosa (f)	rõžė (m)	[ˈroːʒʲeː]
tulipa (f)	tùlpė (m)	[ˈtʊlʲpʲeː]
cravo (m)	gvazdìkas (v)	[gvazˈdʲɪkas]
gladíolo (m)	kardẽlis (v)	[karˈdʲælʲɪs]

centáurea (f)	rùgiagėlė (m)	[ˈrʊgʲægʲeːlʲeː]
campânula (f)	varpẽlis (v)	[varˈpʲælʲɪs]
dente-de-leão (m)	pienė̃ (m)	[ˈpʲɛnʲeː]
camomila (f)	ramùnė (m)	[raˈmʊnʲeː]

aloé (m)	alijõšius (v)	[alʲɪˈjɔːʃʊs]
cato (m)	kãktusas (v)	[ˈkaːktʊsas]
fícus (m)	fìkusas (v)	[ˈfʲɪkʊsas]

lírio (m)	lelijà (m)	[lʲɛlʲɪˈja]
gerânio (m)	pelargònija (m)	[pʲɛlʲarˈgonʲɪjɛ]
jacinto (m)	hiacìntas (v)	[ɣʲɪjaˈtsʲɪntas]

mimosa (f)	mimozà (m)	[mʲɪmoˈza]
narciso (m)	narcìzas (v)	[narˈtsʲɪzas]
capuchinha (f)	nastùrta (m)	[nasˈtʊrta]

orquídea (f)	orchidėja (m)	[orxʲɪˈdʲeːja]
peónia (f)	bijūnas (v)	[bʲɪˈjuːnas]
violeta (f)	našlaitė̃ (m)	[naʃˈlʲʌɪtʲeː]

amor-perfeito (m)	daržẽlinė našláitė (m)	[darˈʒʲælʲɪnʲeː naʃˈlʌɪtʲeː]
não-me-esqueças (m)	neužmirštuõlė (m)	[nʲɛʊʒmʲɪrʃˈtʊalʲeː]
margarida (f)	saulùtė (m)	[sɑʊˈlʲʊtʲeː]

papoula (f)	aguonà (m)	[agʊɑˈna]
cânhamo (m)	kanãpė (m)	[kaˈnaːpʲeː]
hortelã (f)	mėtà (m)	[mʲeːˈta]

| lírio-do-vale (m) | pakalnùtė (m) | [pakalʲˈnʊtʲeː] |
| campânula-branca (f) | sniẽgena (m) | [ˈsnʲɛgʲɛna] |

urtiga (f)	dilgėlė̃ (m)	[dʲɪlʲˈgʲælʲeː]
azeda (f)	rūgštỹnė (m)	[ruːgʃˈtʲiːnʲeː]
nenúfar (m)	vandeñs lelijà (m)	[vanˈdʲɛns lʲɛlʲɪˈja]
feto (m), samambaia (f)	papártis (v)	[paˈpartʲɪs]
líquen (m)	kérpė (m)	[ˈkʲɛrpʲeː]

estufa (f)	oranžèrija (m)	[oranˈʒʲɛrʲɪjɛ]
relvado (m)	gazònas (v)	[gaˈzonas]
canteiro (m) de flores	klòmba (m)	[ˈklʲomba]

planta (f)	áugalas (v)	[ˈɑʊgalʲas]
erva (f)	žolė̃ (m)	[ʒoˈlʲeː]
folha (f) de erva	žolẽlė (m)	[ʒoˈlʲælʲeː]

folha (f)	lãpas (v)	['lʲa:pas]
pétala (f)	žíedlapis (v)	['ʒʲiɛdlʲapʲɪs]
talo (m)	stíebas (v)	['stʲiɛbas]
tubérculo (m)	gum̃bas (v)	['gʊmbas]

| broto, rebento (m) | želmuõ (v) | [ʒʲɛlʲ'mʊɑ] |
| espinho (m) | spyglỹs (v) | [spʲi:g'lʲi:s] |

florescer (vi)	žydéti	[ʒʲi:'dʲe:tʲɪ]
murchar (vi)	výsti	['vʲi:stʲɪ]
cheiro (m)	kvãpas (v)	['kva:pas]
cortar (flores)	nupjáuti	[nʊ'pjɑʊtʲɪ]
colher (uma flor)	nuskìnti	[nʊ'skʲɪntʲɪ]

98. Cereais, grãos

grão (m)	grũdas (v)	['gru:das]
cereais (plantas)	grũdìnės kultũros (m dgs)	[gru:'dʲɪnʲe:s kʊlʲ'tu:ros]
espiga (f)	várpa (m)	['varpa]

trigo (m)	kviečiaĩ (v dgs)	[kvʲiɛ'tʂʲɛɪ]
centeio (m)	rugiaĩ (v dgs)	[rʊ'gʲɛɪ]
aveia (f)	ãvižos (m dgs)	['a:vʲɪʒos]
milho-miúdo (m)	sóra (m)	['sora]
cevada (f)	miẽžiai (v dgs)	['mʲɛʒʲɛɪ]

milho (m)	kukurũzas (v)	[kʊkʊ'ru:zas]
arroz (m)	rỹžiai (v)	['rʲi:ʒʲɛɪ]
trigo-sarraceno (m)	grìkiai (v dgs)	['grʲɪkʲɛɪ]

ervilha (f)	žìrniai (v dgs)	['ʒʲɪrnʲɛɪ]
feijão (m)	pupẽlės (m dgs)	[pʊ'pʲælʲe:s]
soja (f)	sojà (m)	[so:'jɛ]
lentilha (f)	lę̃šiai (v dgs)	['lʲɛ:ʃɛɪ]
fava (f)	pùpos (m dgs)	['pʊpos]

PAÍSES DO MUNDO

99. Países. Parte 1

Português	Lituano	Transcrição
Afeganistão (m)	Afganistānas (v)	[afganʲɪ'sta:nas]
África do Sul (f)	Pietų āfrikos respublika (m)	[pʲiɛ'tu: 'a:frʲɪkos rʲɛs'publʲɪka]
Albânia (f)	Albānija (m)	[alʲ'ba:nʲɪjɛ]
Alemanha (f)	Vokietija (m)	[vokʲiɛ'tʲɪja]
Arábia (f) Saudita	Saúdo Arābija (m)	[sa'ʊdɔ a'ra:bʲɪjɛ]
Argentina (f)	Argentina (m)	[argʲɛntʲɪ'na]
Arménia (f)	Arménija (m)	[ar'mʲe:nʲɪjɛ]
Austrália (f)	Australija (m)	[ɑʊs'tra:lʲɪjɛ]
Áustria (f)	Austrija (m)	['ɑʊstrʲɪjɛ]
Azerbaijão (m)	Azerbaidžānas (v)	[azʲɛrbʌɪ'dʒa:nas]
Bahamas (f pl)	Bahāmų salõs (m dgs)	[ba'ɣamu: 'salʲo:s]
Bangladesh (m)	Bangladešas (v)	[banglʲa'dʲɛʃas]
Bélgica (f)	Belgija (m)	['bʲɛlʲgʲɪjɛ]
Bielorrússia (f)	Baltarusija (m)	[balʲta'rʊsʲɪjɛ]
Bolívia (f)	Bolivija (m)	[bo'lʲɪvʲɪjɛ]
Bósnia e Herzegovina (f)	Bosnija ír Hercegovina (m)	['bosnʲɪja ir ɣʲɛrtsʲɛgovʲɪ'na]
Brasil (m)	Brazilija (m)	[bra'zʲɪlʲɪjɛ]
Bulgária (f)	Bulgārija (m)	[bʊlʲ'ga:rʲɪjɛ]
Camboja (f)	Kambodžà (m)	[kambo'dʒa]
Canadá (m)	Kanadà (m)	[kana'da]
Cazaquistão (m)	Kazāchija (m)	[ka'za:xʲɪjɛ]
Chile (m)	Čilė (m)	['tʂʲɪlʲe:]
China (f)	Kinija (m)	['kʲɪnʲɪjɛ]
Chipre (m)	Kipras (v)	['kʲɪpras]
Colômbia (f)	Kolumbija (m)	[kɔ'lʲʊmbʲɪjɛ]
Coreia do Norte (f)	Šiáurės Koréja (m)	['ʃæʊrʲe:s ko'rʲe:ja]
Coreia do Sul (f)	Pietų Koréja (m)	[pʲiɛ'tu: ko'rʲe:ja]
Croácia (f)	Kroātija (m)	[kro'a:tʲɪjɛ]
Cuba (f)	Kubà (m)	[kʊ'ba]
Dinamarca (f)	Dānija (m)	['da:nʲɪjɛ]
Egito (m)	Egìptas (v)	[ɛ'gʲɪptas]
Emirados Árabes Unidos	Jungtìniai Arābų Emiratai (v dgs)	[jʊŋk'tʲɪnʲɛi a'ra:bu: ɛmʲɪratʌɪ]
Equador (m)	Ekvadòras (v)	[ɛkva'doras]
Escócia (f)	Škótija (m)	['ʃkotʲɪjɛ]
Eslováquia (f)	Slovākija (m)	[slʲo'va:kʲɪjɛ]
Eslovénia (f)	Slovénija (m)	[slʲo'vʲe:nʲɪjɛ]
Espanha (f)	Ispānija (m)	[ɪs'pa:nʲɪjɛ]
Estados Unidos da América	Jungtìnės Amèrikos Valstijos (m dgs)	[jʊŋk'tʲɪnʲe:s a'mʲɛrʲɪkos valʲs'tʲɪjɔs]
Estónia (f)	Estija (m)	['ɛstʲɪjɛ]

| Finlândia (f) | Súomija (m) | ['suɑmʲɪjɛ] |
| França (f) | Prancūzija (m) | [prantsu:zʲɪˈja] |

100. Países. Parte 2

Gana (f)	Ganà (m)	[ga'na]
Geórgia (f)	Grùzija (m)	['gruzʲɪjɛ]
Grã-Bretanha (f)	Didžiòji Britānija (m)	[dʲɪ'dʒʲo:jɪ brʲɪ'ta:nʲɪjɛ]
Grécia (f)	Graìkija (m)	['grʌɪkʲɪjɛ]
Haiti (m)	Haìtis (v)	[ɣʌ'ɪtʲɪs]
Hungria (f)	Veñgrija (m)	['vʲɛŋgrʲɪjɛ]
Índia (f)	Ìndija (m)	['ɪndʲɪjɛ]

Indonésia (f)	Indonezijà (m)	[ɪndonʲɛzʲɪˈja]
Inglaterra (f)	Áⁿglija (m)	['anglʲɪjɛ]
Irão (m)	Irānas (v)	[ɪ'ra:nas]
Iraque (m)	Irākas (v)	[ɪ'ra:kas]
Irlanda (f)	Aìrija (m)	['ʌɪrʲɪjɛ]
Islândia (f)	Islándija (m)	[ɪs'lʲandʲɪjɛ]
Israel (m)	Izraèlis (v)	[ɪzraʲˈɛlʲɪs]

Itália (f)	Itālija (m)	[ɪ'ta:lʲɪjɛ]
Jamaica (f)	Jamáika (m)	[ja'mʌɪka]
Japão (m)	Japònija (m)	[ja'ponʲɪjɛ]
Jordânia (f)	Jordānija (m)	[jor'da:nʲɪjɛ]
Kuwait (m)	Kuveìtas (v)	[ku'vʲɛɪtas]

| Laos (m) | Laòsas (v) | [lʲa'osas] |
| Letónia (f) | Lãtvija (m) | ['lʲa:tvʲɪjɛ] |

Líbano (m)	Libãnas (v)	[lʲɪ'banas]
Líbia (f)	Lìbija (m)	['lʲɪbʲɪjɛ]
Liechtenstein (m)	Lìchtenšteinas (v)	['lʲɪxtʲɛnʃtʲɛɪnas]
Lituânia (f)	Lietuvà (m)	[lʲiɛtu'va]
Luxemburgo (m)	Liùksemburgas (v)	['lʲuksʲɛmburgas]

| Macedónia (f) | Makedònija (m) | [makʲɛ'donʲɪjɛ] |
| Madagáscar (m) | Madagaskãras (v) | [madagas'ka:ras] |

Malásia (f)	Maláizija (m)	[ma'lʲʌɪzʲɪjɛ]
Malta (f)	Málta (m)	['malʲta]
Marrocos	Maròkas (v)	[ma'rokas]
México (m)	Mèksika (m)	['mʲɛksʲɪka]
Myanmar (m), Birmânia (f)	Mianmãras (v)	[mʲæn'ma:ras]

| Moldávia (f) | Moldãvija (m) | [molʲ'da:vʲɪjɛ] |
| Mónaco (m) | Mònakas (v) | ['monakas] |

Mongólia (f)	Mongòlija (m)	[mon'golʲɪjɛ]
Montenegro (m)	Juodkalnijà (m)	[juɑdkalʲnʲɪ'ja]
Namíbia (f)	Namìbija (m)	[na'mʲɪbʲɪjɛ]
Nepal (m)	Nepãlas (v)	[nʲɛ'pa:lʲas]
Noruega (f)	Norvègija (m)	[nor'vʲɛgʲɪjɛ]
Nova Zelândia (f)	Naujòji Zelándija (m)	[nɑu'jo:jɪ zʲɛ'lʲandʲɪjɛ]

101. Países. Parte 3

Países (m pl) Baixos	Nýderlandai (v dgs)	['nʲi:dʲɛrlʲandʌɪ]
Palestina (f)	Palestìna (m)	[palʲɛs'tʲɪna]
Panamá (m)	Panamà (m)	[pana'ma]
Paquistão (m)	Pakistãnas (v)	[pakʲɪ'sta:nas]
Paraguai (m)	Paragvãjus (v)	[parag'va:jʊs]
Peru (m)	Perù (v)	[pʲɛ'rʊ]
Polinésia Francesa (f)	Prancūzìjos Polinèzija (m)	[prantsu:'zʲɪjɔs polʲɪ'nʲɛzʲɪjɛ]

Polónia (f)	Lénkija (m)	['lʲɛŋkʲɪjɛ]
Portugal (m)	Portugãlija (m)	[portʊ'ga:lʲɪjɛ]
Quénia (f)	Kènija (m)	['kʲɛnʲɪjɛ]
Quirguistão (m)	Kirgìzija (m)	[kʲɪr'gʲɪzʲɪjɛ]
República (f) Checa	Čèkija (m)	['tʂʲɛkʲɪjɛ]
República (f) Dominicana	Dominìkos Respùblika (m)	[domʲɪ'nʲɪkos rʲɛs'pʊblʲɪka]
Roménia (f)	Rumùnija (m)	[rʊ'mʊnʲɪjɛ]

Rússia (f)	Rùsija (m)	['rʊsʲɪjɛ]
Senegal (m)	Senegãlas (v)	[sʲɛnʲɛ'ga:lʲas]
Sérvia (f)	Sèrbija (m)	['sʲɛrbʲɪjɛ]
Síria (f)	Sìrija (m)	['sʲɪrʲɪjɛ]
Suécia (f)	Švèdija (m)	['ʃvʲɛdʲɪjɛ]
Suíça (f)	Šveicãrija (m)	[ʃvʲɛɪ'tsa:rʲɪjɛ]
Suriname (m)	Surinãmis (v)	[sʊrʲɪ'namʲɪs]

Tailândia (f)	Tailándas (v)	[tʌɪ'lʲandas]
Taiwan (m)	Taivãnis (v)	[tʌɪ'vanʲɪs]
Tajiquistão (m)	Tadžìkija (m)	[tad'ʒʲɪkʲɪjɛ]
Tanzânia (f)	Tanzãnija (m)	[tan'za:nʲɪjɛ]
Tasmânia (f)	Tasmãnija (m)	[tas'ma:nʲɪjɛ]
Tunísia (f)	Tunìsas (v)	[tʊ'nʲɪsas]
Turquemenistão (m)	Turkménija (m)	[tʊrk'mʲe:nʲɪjɛ]

Turquia (f)	Tùrkija (m)	['tʊrkʲɪjɛ]
Ucrânia (f)	Ukrainà (m)	[ʊkrʌɪ'na]
Uruguai (m)	Urugvãjus (v)	[ʊrʊg'va:jʊs]
Uzbequistão (f)	Uzbèkija (m)	[ʊz'bʲɛkʲɪjɛ]
Vaticano (m)	Vatikãnas (v)	[vatʲɪka:nas]
Venezuela (f)	Venesuelà (m)	[vʲɛnʲɛsʊʲɛ'lʲa]
Vietname (m)	Vietnãmas (v)	[vjɛt'na:mas]
Zanzibar (m)	Zanzibãras (v)	[zanzʲɪ'ba:ras]